마음을 밝히는 보배로운 거울

명심보감 明心寶鑑

명심보감

明心寶鑑

• 마음을 밝히는 보배로운 거울 •

| **진성수** 역주 |

전북대학교출판문화원

명심보감의 기초적 이해

잠깐, 이것만은 기억해 둡시다!

1. 서명과 저자

명심보감明心寶鑑을 한자漢字 그대로 풀이해 보면, '마음을 밝히는 보배로운 거울'이란 뜻이다. 자신의 내면內面을 신중하게 살피고, 혹시라도 잘못된 것이 있다면 그것을 바로잡기 위해 거울처럼 비추어 보는 귀중한 보물寶物이란 의미를 담고 있다.

명심보감은 오래 전부터 고려 말기 충렬왕忠烈王 때의 예문관藝文館 제학提學(정3품)을 지낸 노당露堂 추적秋適(1246-1317) 선생이 지은 것으로 알려져 있었다. 그러나 최근 연구에 따르면, 명明 나라 초기의 유학자인 무림武林 사람 범입본范立本(?-?)이 1393(홍무洪武 26)년에 지은 것으로 밝혀졌다. 그러나 아쉽게도 범입본에 대한 자세한 기록은 남아있지 않다. 범입본이 지은 원문原文이 여러 경로를 통해 우리나라에 전해진 후에는 1454년 청주淸州에서 처음 간행되었는데, 이것을 초간본初刊本이라고 말한다.

2. 책의 내용

명심보감은 예로부터 전해져 내려온 고전古典에 담

겨있는 선현先賢들의 금언金言과 명구名句를 모아 청소년靑少年과 초학자初學者들의 교육과 계몽啓蒙을 위해 만든 수신교양서修身敎養書이다. 따라서 유교儒敎의 사서오경四書五經뿐만 아니라 불교佛敎, 도교道敎 등 다양한 종교宗敎와 사상가思想家들의 가르침이 많이 담겨 있다.

명심보감에 대한 비판이 없는 것은 아니다. 명말明末·청초淸初의 유학자인 왕부지王夫之(1619-1692)는 그의 저서『독사서대전설讀四書大全說』·「중용中庸」에서 '이러한 계몽서들은 사람들이 성현聖賢의 심오深奧한 말을 간략하게 쓴 책을 통해 이해하여 마치 그것이 오경과 사서 전체의 뜻인 양 오해하게 만든다'고 지적했다. 이밖에도 21세기 남녀평등男女平等 시대에 어울리지 않는 성차별적性差別的 느낌을 주는 다수의 문장들도 포함되어 있다. 그러나 명심보감 원문 그대로의 느낌을 살려주기 위해 일부러 삭제하거나 축소하지는 않았다. 이점에 대해서는 전적으로 독자들의 양해를 구한다. 여러 가지 이유로 인해 오늘날 명심보감에 대해서는 긍정적 입장과 부정적 입장이 동시에 존재한다. 이점을 특히 유념留念하여 한문고전을 학습하는 데에 기초 교재로 활용되길 바란다.

3. 책의 구성

본래 명심보감은 계선편繼善篇부터 부행편婦行篇까지 총 19편으로 구성되어 있었다. 그러나 후대後代 학자學者들이 청소년들에게 도움이 될 만한 내용內容을 조금씩 덧붙여서 읽게 되었다. 이로 인해 최근最近에 이르기까지 5편이 첨가添加되어 현재에는 총 24편으로 구성되어 통용되고 있다.

4. 활용 방법

주변을 둘러보면, 동양고전東洋古典을 공부해 보겠노라 큰 결심決心을 하고 도전挑戰했다가 중도中途에 포기暴棄하는 사람이 적지 않다. 대체로 어려운 한자漢字의 벽에 부딪치기 때문이다. 이 때문에 애초에 엄두를 내지 못하기도 한다. 그렇다고 해서 명심보감을 읽을 때, 자전字典을 옆에 두고 한 글자씩 찾으며 읽는다는 것은 그리 쉬운 일이 아니다.

이러한 문제를 해결하기 위해 이 책에서는 문장을 읽는 데에 도움이 되도록 한문 문장 위에 한글 독음讀音을 적어 두었으며, 한자 설명과 해설을 문장 바로 아래에 정리해 놓았다. 특히 어려운 인명人名과 지명地名, 서명書名과 용어用語 등에 대해 간략하게 설명을 덧붙였다. 또한 한글 문장에서도 일상생활에서 자주 사용되는 한자의 경우에는 한글 옆에 병기倂記하여 책을 읽으면서 자연스럽게 한자를 익힐 수 있도록 하였다. 이밖에 심화 학습을 원하는 중급 이상의 한문 해독능력을 가진 독자를 위해서는 본문의 맥락을 충분히 이해할 수 있도록 출전出典과 원문原文을 자세하게 적어 두었다.

5. 한자 설명 방식

한자는 본래 한 글자에 여러 가지 뜻을 가지고 있다. 한자가 처음 만들어질 당시에는 지금처럼 글자 수가 많지 않았다. 따라서 제한制限된 글자로 많은 뜻을 설명하기 위해 한 글자에 여러 가지 뜻을 한데 묶어 사용했다. 이 점에 유의하여 본문 중에 나오는 한자 설명은 문장의 해석에 사용된 뜻을 위주로 정리하였다.

예를 들면, "爲善者는 天報之以福하고(착한 일을 하는 사람은 하늘이 복으로써 갚아주고: 1-1.)"에서는 '爲'가 '할 위'의 뜻이지만, "大丈夫當容人이언정 無爲人所容이니라(대장부는 마땅히 남을 용서할지언정, 남에게 용서를 받는 사람이 되지 말아야 한다: 5-2.)"에서는 '爲'를 '될 위'의 뜻으로 풀었다. 이처럼 각 문장에서 사용된 뜻을 위주로 문장 아래에 한자의 음音과 훈訓을 정리하였다. 마찬가지로 "種瓜得瓜요 種豆得豆니(오이를 심으면 오이를 얻고, 콩을 심으면 콩을 얻으니: 2-6.)"에서는 '得'이 '얻을 득'의 뜻이지만, "得忍且忍이요 得戒且戒하라(참을 수 있으면 또한 참고, 경계할 수 있으면 또한 경계하라: 8-3.)"에서는 '得'을 '능할 득'의 뜻으로 풀었다.

---

* 원문原文과 현토懸吐는 성백효成百曉의 『명심보감(전통문화연구회 간행)』과 성균관成均館에서 간행한 『명심보감』을 대본臺本(기본基本이 되는 판본板本)으로 하여 청소년과 일반인들이 쉽게 이해할 수 있도록 수정 · 보완하여 설명을 덧붙였다.

책을 펴내며

1.

6월 어느 주말 아침이었다. 평소보다 일찍 눈을 뜬 나는 아이들이 일어나면 기분 좋게 과일을 먹게 해줄 생각으로 참외를 깎고 있었다. 20분쯤 지났을까 잠에서 깬 둘째가 과일을 깎고 있는 내 곁으로 왔다. 눈인사를 하는 아이에게 참외 한 조각을 입에 넣어 주었다.

나를 물끄러미 처다 보던 아이가 물었다. "아빠, 근데요. 궁금한 게 있는데요. 참외에는 왜 줄이 있어요?" "응~ 그건..." 하고 질문에 답할 시간을 만들며 잠시 생각에 잠겼다. 평소 거짓말을 하지 말라고 가르쳤던 내가 둘째의 갑작스런 질문에 대충 지어낸 말로 둘러 댈 수는 없었다. 결국 나는 이렇게 말했다. "솔직히 아빠도 잘 모르겠는데." 둘째는 약간 실망한 듯 보였다. 그래도 뭐든 말하는 게 좋겠다 싶어 이번에는 내가 먼저 말을 걸었다. "사실은 말이야. 사람들이 공부를 많이 하면 모든 걸 알 수 있다고 하잖아? 근데, 사실 공부를 해도 모르는 게 많아. 아빠도 그래." 속 시원한 대답은 아니지만 나름 솔직한 나의 고백이었다. 겸연쩍어하는 내 모습을 본 둘째가 또 물었다. "아~ 그렇구나. 그럼, 수박에 왜 줄이 있는지도 모르겠네요?"

"응, 그렇지. 수박에 왜 줄이 있는 지, 배 껍질은 왜 그렇게 까칠까칠한 지, 사과는 왜 빨간 지, 그런 걸 다 아는 사람은 아마 거의 없을걸."

이렇게 주말 아침 둘째와의 대화는 맥없이 끝나고 말았다. 그러나 몇 년이 지난 지금도 그 날의 기억이 선명하다. 그때를 생각하면, 한편으로 둘째가 대견하기도 하고 다른 한편으로는 그런 솔직하고 순진한 대화를 언제 다시 나눌 수 있을까 하는 아쉬움이 들기도 한다.

2.

대학에서 배우고 연구하고 가르친 지 30년이 넘었지만, 나는 여전히 모르는 게 많다. 정확하게 말하면 모르는 게 점점 늘고 있다고 말해야 할 것이다. 이런 생각은 내가 특별히 겸손해서가 아니라 솔직한 고백이다. 많이 읽고, 좀 더 생각하고, 치열하게 토론하면 할수록 아는 것보다 모르는 게 많다는 걸 새삼 깨닫게 된다. '모른다는 사실을 아는 게 진정한 앎이다'라고 말한 동서양 현자賢者들의 말에 머리가 숙여진다. 예나 지금이나 배우는 사람들이 항상 좋은 스승을 찾아 나서는 것도 이런 깨달음을 얻기 위함일까?

역사에 훌륭한 업적을 남긴 사람들에게는 한 가지 공통점이 있다. 그건 바로 그들에게 멘토mentor가 있었다는 사실이다. 부모나 형제, 스승이나 친구 등 훌륭한 위인들 가까이에는 언제나 그들의 든든한 조언자가 있었다. 조언자들은 곤경에 처한 위인에게 적절한 지혜와 해결책을 제시해 주었다.

『명심보감』·「성심편省心篇」에 "욕지미래欲知未來 선찰이연先察已然"이란 말이 있다. 미래의 해답은 과거에 있으므로 "미래의 일을 알기 위해서는 과거를 잘 살피라."는 뜻이다. 동서고금을 막론하고 책은 말없는 스승으로 여겨져 왔다. 고전古典에는 인간의 역사와 삶의 지혜가 고농도로 응축되어 있다. 켜켜이 쌓인 시간의 두께만큼 지혜의 깊이가 더해진 셈이다. 평균적으로 고전의 수명이 사람보다 길기 때문에 그 안에 담긴 지혜도 사람보다는 크고 넓을 수밖에 없다.

예로부터 동양에서는 나이가 많은 사람을 선생先生이나 장로長老라고 부르며 존중하는 문화가 있었다. 그들의 경험經驗과 경륜經綸을 높이 평가하기 때문이다. 그러나 나이가 많다고 해서 누구나 선생과 장로가 되는 것은 아니다. 그들의 경험과 지혜가 반드시 값진 것이어야만 했다. 이렇게 볼 때, 우리들은 독자적으로 자신의 멘토를 찾아 나설 필요가 있다. 누군가 훌륭하다고 해서 무작정 그를 따라간다면 낭패를 보기 십상이기 때문이다.

3.

중국의 대문호大文豪 임어당林語堂은 『생활의 발견』이란 책에서 "세상에 모든 사람이 반드시 읽어야 할 책은 없다. 다만 어떤 시간이나 장소, 어떤 환경이나 시기에 읽어야 할 책이 있을 뿐이다. 독서는 결혼과도 같다. 운명이나 인연에 의해 결정되기 때문이다."라고 말한다. 율곡栗谷 이이李珥는 『격몽요결擊蒙要訣』에서 "글을 읽을 때는 반드시 한 권의 책을 숙독하여 그 뜻을 모두 깨달아 의심나는 것이 없어진 뒤에 다른 책을 읽어야 한다. 무조건 많은 책을 읽으려고 욕심을 내거나 무엇을 얻으려고 이것저것 번잡하게 책을 읽어서는 안 된다." 고 말한다. 독서에 대해 임어당이 운명과 인연이라는 찰나刹那의 순간을 강조했다면, 율곡은 극기와 인내라는 영원永遠의 시간을 강조한 것이다.

독서에는 소리 내지 않고 눈으로 읽는 묵독默讀, 작은 소리로 웅얼거리며 읽는 순독脣讀, 남에게 들려주려고 큰 소리로 읽는 낭독朗讀, 눈으로 빨리 읽는 속독速讀, 한 줄씩 줄을 치고 이해하며 읽는 정독精讀, 여러 사람이 순서대로 읽는 윤독輪讀, 다함께 한 목소리로 읽는 합독合讀, 서당에서 읽듯이 소리 내며 읽는 성독聲讀 등이 있다. 『명심보감』은 위와 같은 독서법 중 어떤 방법으로 읽어도 좋다. 처음부터 끝까지 완독해도 좋고, 책장을 넘기며 시선이 닿는대로 읽어도 좋다. 독자의 특성에 따라 운명이나 인연을 떠올려도 좋고, 극기와 인내하는 마음으로 수도사修道士처럼 읽어도 좋다. 가급적 책장을 자주 넘겨 본다면 그것으로 충분하기 때문이다.

책을 읽다보면, 어느 순간 가슴이 뛰고 침이 마르고 머리가 지끈거릴 정도로 띵할 때가 있다. 이때가 바로 무의식 속에 잠자던 삶의 지혜가 꿈틀거리는 순간이다. 일상의 무게에 짓눌려 있던 감수성이 소생하면서 생긴 일종의 명현瞑眩[어지러움] 현상인 셈이다. 한국인들에게 널리 알려진 『명심보감』을 다시 펴내며 독자들에게 바라는 것도 이것이다. 읽어야 한다는 의무감이 아닌 편안한 마음으로 읽다가 어느 순간 머리가 띵해지는 그런 짜릿한 경험을 느껴보기 바란다.

목차

명심보감

1 계선편繼善篇

선행善行을 계승하는 글

내용요약

•

'계선편'은 '선행을 계승하는 글(총 10장)'을 모아두었다. 공자를 비롯한 동양의 성현들은 착한 일을 하면 하늘에서 복을 내려주고, 악한 일을 하면 하늘에서 재앙을 내린다고 생각했다. 이런 신념은 사람들에게 일상생활에서 착한 행실을 하도록 격려하는 역할을 했다.

사람의 생각은 어느새 생겼다가도 순식간에 사라진다. 끊임없이 생기고 없어지는 게 생각이다. 이 때문에 주위 환경의 변화에 따라 자신도 모르게 좋지 않은 생각을 하게 되는 경우도 종종 있다. 이런 상황을 미연에 방지하기 위해 장자莊子는 "하루라도 선을 생각하지 않으면, 모든 악이 저절로 생긴다."라고 말한다. 또한 한나라 소열황제는 "선이 작다고 행하지 않아서는 안 되며, 악이 작다고 해서 행해서는 안 된다."고 말하고, 태공은 "착한 일을 보거든 목마른 듯이 하며, 악한 말을 듣거든 귀머거리처럼 하라. …… 착한 일은 모름지기 탐내야 하며, 악한 일은 즐기지 말라."고 조언한다.

대부분의 부모들은 자기가 고생하여 모은 재산을 자녀들에게 가능한 많이 남겨 주려고 애쓴다. 그러나 부모에게 물려받은 재산을 자녀가 잘 지켜 내리란 보장은 없다. 오히려 그 재산 때문에 흥청망청하게 되거나 형제들끼리 싸우는 일도 적지 않다. 그래서 예로부터 자손들에게는 돈과 같은 물질적인 것보다 눈에 보이지 않는 덕을 남겨 주라는 말이 있다. "선을 쌓은 집안은 반드시 넘치는 경사가 있고, 불선을 쌓은 집안은 반드시 넘치는 재앙이 있다.(『周易』·「文言」: 積善之家, 必有餘慶, 積不善之家, 必有餘殃.)"라는 말도 이러한 맥락에서 이해할 수 있다. 부모로서 자녀에게 많은 재산을 물려주는 것을 무조건 나쁘다고 말할 수는 없다. 그러나 부모가 선행을 통해 자녀에게 본보기가 되거나 혹은 다른 사람들에게 널리 덕을 베풀어 그 혜택이 장기적으로 자녀에게 미치도록 하는 것이 오히려 더 좋을 수도 있다.

- 착한 일을 하는 사람은 하늘이 복으로써 갚아주고, 착하지 않은 일을 하는 사람은 하늘이 재앙으로써 갚는다.
- 선이 작다고 행하지 않아서는 안 되며, 악이 작다고 해서 행해서는 안 된다.
- 하루라도 선을 생각하지 않으면, 모든 악이 저절로 생긴다.
- 착한 일을 보거든 목마른 듯이 하며, 악한 말을 듣거든 귀머거리처럼 하라. 착한 일은 모름지기 탐내야 하며, 악한 일은 즐기지 말라.
- 몸을 마치도록 선을 행하더라도 선은 오히려 부족하고, 단 하루 악을 행하더라도 악은 저절로 남음이 있다.
- 돈을 모아 자손에게 남겨 준다 하여도 자손이 반드시 다 지킬 수

없으며, 책을 모아서 자손에게 남겨 준다 하여도 자손이 반드시 다 읽을 수 없다. 남모르게 덕을 쌓아서 자손을 위한 계책을 삼느니만 못하다.

- 은혜와 의리를 널리 베풀어라. 사람이 어느 곳에 살든 서로 만나지 않으랴? 원수와 원한을 맺지 마라. 길이 좁은 곳에서 만나면 회피하기 어렵다.
- 하루 선한 일을 행하면 복은 비록 이르지 않더라도 화는 저절로 멀어질 것이요, 하루 악한 일을 행하면 화는 비록 이르지 않더라도 복은 저절로 멀어질 것이다.
- 선을 보거든 도달하지 못한 듯이 하고, 선하지 않음을 보거든 끓는 물을 만지는 듯이 하라.

자왈 위선자 천보지이복
子曰 爲善者는 天報之以福하고
위불선자 천보지이화
爲不善者는 天報之以禍니라.

1

공자孔子가 말하였다. “착한 일을 하는 사람은 하늘이 복으로써 갚아주고, 착하지 않은 일을 하는 사람은 하늘이 재앙으로써 갚는다.”

✓ 爲: 할 위. 善: 착할 선. 者: 사람 자. 報: 갚을 보. 之: 갈 지. 以: 써 이. 福: 복 복. 禍: 재앙 화.

✓ 子曰: ‘자子’는 선생님 혹은 스승님에 해당하는 ‘부자夫子’의 줄임말이다. 주로 남자男子에게만 사용하는 존칭尊稱이며, 여기에서는 유교儒敎의 창시자創始者인 공자孔子(B.C.551-479: 이름은 구丘, 자字는 중니仲尼)를 가리킨다.

| 해설 |

이 구절은 공자의 언행록인 『논어論語』에는 없는 내용이다. 『순자荀子』 「유좌宥坐」편에 보면, “(孔子南適楚할새 厄於陳蔡之間에 七日不火食하고 藜羹不糝하여 弟子皆有飢色이라. 子路進而問之曰 由聞之하니 爲善者는 天報之以福하고 爲不善者는 天報之以禍라하니 今夫子累德積義懷美하여 行之日久矣러니 奚居之隱也잇고 孔子曰 由不識을 吾語女하노라 女以知者爲必用邪아 王子比干不見剖心乎아 女以忠者爲必用邪아 關龍逢不見刑乎아)”라는 구절이 있다. 또한 『공자가어孔子家語』 「재액在厄」편에도 “子路慍하여 作色而對曰 君子無所困하니 意者夫子未仁與아 人之

弗吾信也하니 意者夫子未智與아 人之弗吾行也하니 且由也니 昔者聞諸夫子한대 爲善者는 天報之以福하고 爲不善者는 天報之以禍라하더니 今夫子積德懷義하여 行之久矣러니 奚居之窮也아"라는 구절이 있다.

2

한 소 열　　장 종　　칙 후 주 왈　물 이 선 소 이
漢昭烈이 將終에 勅後主曰 勿以善小而
불 위　　　　물 이 악 소 이 위 지
不爲하고 勿以惡小而爲之하라.

한漢나라 소열황제昭烈皇帝가 장차 죽을 때에 대代를 이을 임금[後主]에게 경계警戒하여 말하였다. "선善이 작다고 행하지 않아서는 안 되며, 악惡이 작다고 해서 행해서는 안 된다."

✓ 漢: 한나라 한. 昭: 밝을 소. 烈: 굳셀 열(렬). 將: 장차 장. 終: 마칠 종. 勅: 가르칠 칙. 勿: 말 물. 而: 말 이을 이. 惡: 악할 악.

✓ 漢昭烈(B.C.160-223): 중국 삼국시대 촉한蜀漢의 첫 번째 임금으로서 유비劉備를 가리키며, 자字는 현덕玄德, 시호諡號는 소열昭烈이다.

| 해설 |

『주역周易』「계사전繫辭傳」하편 5장에 위 문장과 비슷한 내용이 있다. "선善이 쌓이지 않으면 이름을 이룰 수 없고, 악惡이 쌓이지 않으면 몸을 멸할 수 없으니, 소인小人은 작은 선善을 무익하다 하여 행하지 않고 작은 악惡을 무방하다 하여 버리지 않는다. 그러므로 악이 쌓여서 가릴 수 없고 죄가 커져 풀 수 없다."(善不積이면 不足以成名이요 惡不積이면 不足以滅身이니 小人은 以小善爲无益而弗爲也하며 以小惡爲无傷而弗去也라 故로 惡積而不可掩이며 罪大而不可解니라)

장 자 왈 일 일 불 념 선
莊子曰 一日不念善이면
제 악 개 자 기
諸惡이 皆自起니라.

3

장자莊子가 말하였다. "하루라도 선善을 생각하지 않으면, 모든 악惡이 저절로 생긴다."

✓ 莊: 풍성할 장. 念: 생각할 념. 諸: 여러 제. 皆: 모두 개. 起: 일어날 기.
✓ 莊子(B.C.365-290): 이름은 주周이며, 중국 전국시대 송宋나라 사람이다. 노자老子와 함께 노장사상老莊思想을 대표하는 학자로서 저서로는 『장자莊子』가 있다.

태 공 왈 견 선 여 갈 문 악 여 롱
太公曰 見善如渴하고 聞惡如聾하라
우 왈 선 사 수 탐 악 사 막 락
又曰 善事란 須貪하고 惡事란 莫樂하라.

4

태공太公이 말하였다. "착한 일을 보거든 목마른 듯이 하며, 악한 말을 듣거든 귀머거리처럼 하라." 또한 말하였다. "착한 일은 모름지기 탐내야 하며, 악한 일은 즐기지 말라."

✓ 太: 클 태. 公: 공 공. 如: 같을 여. 渴: 목마를 갈. 聞: 들을 문. 聾: 귀머거리 농(롱). 又: 또 우. 須: 마땅히 수. 貪: 탐할 탐. 莫: 말 막. 樂: 즐길 낙(락).

✓ 太公(B.C.1122-1072): 위수渭水에서 낚시질을 하다가 문왕文王에게 등용된 현자賢者로서 성姓은 강姜, 씨氏는 여呂, 이름은 상尙이다. 흔히 여상呂尙, 여망呂望으로 불린다. 문왕의 조부(太公은 조부의 별칭)인 고공단보古公亶父가 오랫동안 기다리며 바라던[望] 사람이라는 뜻에서 태공망太公望 혹은 강태공姜太公이라고도 한다. 훗날 문왕의 아들 무왕武王을 도와 은殷나라 주왕紂王을 몰아내고 천하를 통일하는 데에 큰 공을 세웠다.

5

마 원 왈 종 신 행 선 선 유 부 족
馬援曰 終身行善이라도 善猶不足이요
일 일 행 악 악 자 유 여
一日行惡이라도 惡自有餘니라.

마원馬援이 말하였다. "몸을 마치도록 선善을 행하더라도 선은 오히려 부족하고, 단 하루 악惡을 행하더라도 악은 저절로 남음이 있다."

✓ 援: 당길 원. 行: 행할 행. 猶: 오히려 유. 足: 만족할 족. 餘: 남을 여.

✓ 馬援(B.C.11-A.D.49): 중국 후한後漢의 장군將軍으로서 자는 문연文淵이다. 조상대대로 명문名門 출신이었는데, 광무제光武帝의 신하가 되어 변방의 반란을 정벌

하다가 병으로 죽었다.

사 마 온 공 왈 적 금 이 유 자 손
司馬溫公曰 積金以遺子孫이라도
미 필 자 손 능 진 수
未必子孫이 能盡守요
적 서 이 유 자 손 미 필 자 손
積書以遺子孫이라도 未必子孫이
능 진 독 불 여 적 음 덕 어 명 명 지 중
能盡讀이니 不如積陰德於冥冥之中하여
이 위 자 손 지 계 야
以爲子孫之計也니라.

6

사마온공司馬溫公이 말하였다. "돈을 모아 자손子孫에게 남겨준다 하여도 자손이 반드시 다 지킬 수 없으며, 책을 모아서 자손에게 남겨 준다 하여도 자손이 반드시 다 읽을 수 없다. 남모르게 덕德을 쌓아서 자손을 위한 계책計策을 삼느니만 못하다."

✓ 司: 맡을 사. 溫: 따뜻할 온. 積: 쌓을 적. 遺: 남길 유. 孫: 자손 손. 未: 아닐 미. 能: 능할 능. 盡: 다할 진. 守: 지킬 수. 書: 책 서. 讀: 읽을 독. 陰: 그늘 음. 德: 덕 덕. 於: 어조사 어. 冥: 어두울 명. 計: 꾀 계. 也: 어조사 야.

✓ 司馬溫公(1019-1086): 중국 북송北宋의 정치가 · 학자로서 이름은 광光, 자는 군실君實, 시호는 문정文正이다. 흔히 사마광司馬光으로 불리는데, 죽은 뒤 온국공溫國公에 봉해져 사마온공司馬溫公으로도 불렸다. 유명한 저서로는 『자치통감資治通鑑』이 있다.

경 행 록 왈 은 의 광 시
景行錄曰 恩義를 廣施하라
인 생 하 처 불 상 봉 수 원 막 결
人生何處不相逢이랴 讐怨을 莫結하라
로 봉 협 처 난 회 피
路逢狹處면 難回避니라.

7

『경행록景行錄』에서 말하였다. "은혜와 의리를 널리 베풀어라. 사람이 어느 곳에 살든 서로 만나지 않으랴? 원수와 원한을 맺지 마라. 길이 좁은 곳에서 만나면 회피하기 어렵다."

✓ 景: 밝을 경. 錄: 기록할 녹(록). 恩: 은혜 은. 義: 옳을 의. 廣: 넓을 광. 施: 베풀 시. 處: 곳 처. 相: 서로 상. 逢: 만날 봉. 讐: 원수 수. 怨: 원망할 원. 結: 맺을 결. 路: 길 노(로). 狹: 좁을 협. 難: 어려울 난. 回: 돌 회. 避: 피할 피.

✓『景行錄』: 중국 송나라 때 지은 책인데, 현재 전해지지 않는다.

장 자 왈 어 아 선 자 아 역 선 지
莊子曰 於我善者도 我亦善之하고
어 아 악 자 아 역 선 지 아 기 어 인
於我惡者도 我亦善之니라 我旣於人에
무 악 인 능 어 아 무 악 재
無惡이면 人能於我에 無惡哉인저.

8

장자가 말하였다. "나에게 착하게 하는 자에게도 나 또한 착하게 하고, 나에게 악하게 하는 자에게도 나 또한 착하게 해야 한다. 내가 이미 남에게 악하게 함이 없으면, 남도 나에게 악하게 함이 없을 것이다.”

✓我: 나 아. 亦: 또 역. 旣: 이미 기. 能: 능할 능. 哉: 어조사 재.

동악성제수훈왈 일일행선 복수미지
東嶽聖帝垂訓曰 一日行善이면 福雖未至나
화자원의 일일행악 화수미지
禍自遠矣요 一日行惡이면 禍雖未至나
복자원의 행선지인
福自遠矣니 行善之人은 如春園之하여
불견기장 일유소증 행악지인
不見其長이라도 日有所增하고 行惡之人은
여마도지석 불견기손
如磨刀之石하여 不見其損이라도
일유소휴
日有所虧니라.

9

『동악성제수훈東嶽聖帝垂訓』에서 말하였다. “하루 선한 일을 행하면 복은 비록 이르지 않더라도 화禍[재앙災殃]는 저절로 멀어질 것이요, 하루 악한 일을 행하면 화는 비록 이르지 않더라도 복은 저절로 멀어질 것이다. 선한 일을 행하는 사람은 봄 동산의 풀과 같아서 그 자라는 것을 보지 못하더라도 날로 더해지는 것이 있고, 악을 행하는 사람은 칼을 가는 숫돌과 같아서 그 닳아 없어지는 것을 보지 못하더라도 날로 이지러짐이 있다."

✓ 嶽: 큰 산 악. 聖: 성인 성. 帝: 임금 제. 垂: 드리울 수. 訓: 가르칠 훈. 雖: 비록 수. 至: 이를 지. 遠: 멀 원. 園: 동산 원. 草: 풀 초. 長: 자랄 장. 所: 바 소. 增: 더할 증. 磨: 갈 마. 損: 덜 손. 虧: 이지러질 휴.

✓ 東嶽聖帝: 도가道家에서 받드는 신선神仙이지만, 생애에 관한 자세한 사항은 알 수 없다. 동악東嶽은 중국의 오악五嶽 중 태산泰山을 가리킨다.

✓ 垂訓: 후세에 전하는 교훈.

10

자 왈 견 선 여 불 급 견 불 선 여 탐 탕
子曰 見善如不及하고 見不善如探湯하라.

공자가 말하였다. "선善을 보거든 도달到達하지 못한 듯이 하고, 선하지 않음을 보거든 끓는 물을 만지는 듯이 하라."

✓ 及: 미칠 급. 探: 더듬을 탐. 湯: 끓을 탕.

| 해설 |

이 구절은 『논어論語』「계씨季氏」편에 있는 다음의 내용과 같다.

공자가 말하였다. "선善을 보고는 미치지 못한 듯이 열심히 노력하며, 불선不善을 보고는 끓는 물을 만지는 것처럼 빨리 피해야 하는데, 그렇게 하는 사람도 보았고, 나는 그렇게 하는 사람이 있다는 말도 들었다. 숨어 살면서 그 뜻을 구하며, 의義를 행하여 그 도道에 통달한다고 했는데, 나는 그러한 사람이 있다는 말은 들었으나, 그렇게 하는 사람을 보지는 못했다."(孔子曰 見善如不及하며 見不善如探湯을 吾見其人矣오 吾聞其語矣로라 隱居以求其志하며 行義以達其道를 吾聞其語矣오 未見其人也로라)

2 천명편天命篇

하늘의 명命에 관한 글

내용요약

•

'천명편'은 '하늘의 명에 관한 글(총 7장)'을 모아두었다. 공자는 사람의 나이 50세를 '천명을 아는 나이'라는 뜻으로 '지천명知天命'이라고 했다. 그러나 현실적으로 모든 사람이 공자처럼 천명을 알 수는 없는 일이다. 사람의 성향과 수준이 천차만별이기 때문이다. 그래서 공자는 평소에 제자들에게 3가지에 관해서는 드물게 가르쳤다. 그것은 바로 이익[利], 어짐[仁], 천명[命]이었다(『論語』·「子罕」: 子罕言利與命與仁). 이익은 군자가 추구해야 할 바가 아니므로 삼갔으며, 어짐과 천명은 중요한 것이지만 말과 글로는 설명하기 어려웠기 때문이다.

공자는 "하늘에 죄를 얻으면 빌 곳이 없다.(『論語』·「八佾」: 子曰 獲罪於天, 無所禱也.)"라고 말한다. 공자를 계승한 맹자는 "하늘을 따르는 자는 살고, 하늘을 거스르는 자는 죽는다.(『孟子』·「離婁上」: 順天者存, 逆天者亡.)"라고 말한다. 여기에서 하늘에 죄를 얻는다거나 하늘을 따른다는 것은 단순히 종교나 운명적인 의미가 아니다. 『맹자』 원문을 보면 이를 명확하게 알 수 있다. 맹자는 하늘을 따르는 것은

'시대의 변화를 정확하게 이해하는 것'이라고 말한다. 예로부터 천하에 도道가 있을 때에는 사람들이 모두 덕德을 쌓는 일에 최선을 다했다. 그러나 천하에 도가 없을 때에는 사람들이 모두 힘을 기르는 데에 최선을 다했다. 올바른 도가 행해지지 않으니 믿을 수 있는 건 힘뿐이기 때문이다. 따라서 도가 있을 때에는 덕이 부족한 사람이 덕 있는 사람에게 부림을 받게 되고, 도가 없을 때는 힘이 부족한 사람이 힘 있는 사람에게 부림을 받게 된다는 것이다. 맹자는 이 두 가지를 세상의 당연한 이치이며, 부득이한 형세이자 하늘의 이치라고 말한다. 만일 어떤 사람이 이런 이치와 형세를 거스르고자 한다면, 그는 지혜가 부족한 사람이거나 혹은 천리天理를 거슬러 명예를 얻으려는 사람일 가능성이 많다. 결국 이런 사람은 자기는 물론 자신이 속한 집단의 안전도 보장받기 어려운 상황에 직면하게 될 것이라고 맹자는 경고한다.

- 인간의 사사로운 말도 하늘이 듣는 것은 우레와 같고, 어두운 방에서 마음을 속일지라도 귀신의 눈이 보는 것은 번개와 같다.
- 만약 사람이 착하지 못한 일을 하여 훌륭한 이름을 얻는 자는 사람이 비록 해치지 않더라도 하늘이 반드시 그를 죽일 것이다.
- 오이를 심으면 오이를 얻고, 콩을 심으면 콩을 얻으니, 하늘의 그물이 넓고 넓어서 성글지만 새지 않는다.

1

맹 자 왈　순 천 자　　존
孟子曰 順天者는 存하고
역 천 자　　　망
逆天者는 亡이니라.

맹자孟子가 말하였다. "하늘을 따르는 자는 살고, 하늘을 거스르는 자는 죽는다."

✓ 孟: 맏 맹. 順: 따를 순. 存: 있을 존. 逆 : 거스를 역. 亡: 죽을 망.

✓ 원본에는 '子曰'로 되어 있으나, 『맹자』에 있는 내용이므로 바로잡았다.

✓ 孟子(B.C.371-289): 중국 전국시대 유학자로서 이름은 가軻, 자는 자여子輿이다. 공자를 계승한 유학자로서 아성亞聖으로 불린다. 그의 저서 『맹자』에서 인간의 본성은 선하다는 성선설性善說을 주장하였다.

| 해설 |

'順天者存 逆天者亡'은 『맹자孟子』「이루상離婁上」편에 있는 구절이다. 그 내용은 다음과 같다. 맹자가 말하였다. "천하에 도道가 있을 때는 작은 덕을 가진 사람이 큰 덕을 가진 사람에게 부림을 받고, 조금 현명한 사람이 크게 현명한 사람에게 부림을 받는다. 천하에 도가 없을 때는 작은 사람이 큰 사람에게 부림을 받고, 약한 사람이 센 사람에게 부림을 받는다. 이 두 가지는 하늘이니, 하늘을 따르는 자는 살고, 하늘을 거스르는 자는 죽는다."(孟子曰 天下有道엔 小德이 役大德하며 小賢이 役大賢하고 天下無道엔 小役大하며 弱役强하나니 斯二者는 天也니 順天者는 存하고 逆天者는 亡하나니라)

강 절 소 선 생 왈 천 청 적 무 음
康節邵先生曰 天聽이 寂無音하니

창 창 하 처 심 비 고 역 비 원
蒼蒼何處尋고 非高亦非遠이라

도 지 재 인 심
都只在人心이니라.

2

강절소선생康節邵先生이 말하였다. "하늘의 들으심이 고요하여 소리가 없으니 푸르고 푸른 어느 곳에서 찾을 것인가. 높지도 않고 또한 멀지도 않다. 모두가 다만 사람의 마음속에 있을 뿐이다."

✓ 康: 편안할 강. 節: 마디 절. 邵: 높을 소. 聽: 들을 청. 寂: 고요할 적. 音: 소리 음. 蒼: 푸를 창. 何: 어찌 하. 尋: 찾을 심. 非: 아닐 비. 都: 모두 도. 只: 단지 지. 在: 있을 재.

✓ 康節邵先生(1011-1077): 중국 북송北宋의 학자로서 성은 소邵, 이름은 옹雍, 자는 요부堯夫, 시호는 강절康節이다. 흔히 소강절邵康節이라고 불린다.

현 제 수 훈 왈 인 간 사 어 천 청
玄帝垂訓曰 人間私語라도 天聽은

약 뢰 암 실 기 심 신 목
若雷하고 暗室欺心이라도 神目은

여 전
如電이니라.

3

『현제수훈玄帝垂訓』에서 말하였다. "인간의 사사로운 말도 하늘이 듣는 것은 우레와 같고, 어두운 방에서 마음을 속일지라도 귀신의 눈이 보는 것은 번개와 같다."

*玄: 검을 현. 間: 사이 간. 私: 개인 사. 語: 말씀 어. 若: 같을 약. 雷: 우레 뇌(뢰). 暗: 어두울 암. 室: 집 실. 欺: 속일 기. 神: 귀신 신. 如: 같을 여. 電: 번개 전.

*玄帝: 도가道家의 한 사람으로 전해지고 있으나, 정확한 기록은 없다.

| 해설 |

『대학大學』 전6장에 위 문장과 비교하며 읽어 볼만한 구절이 있다. 그 내용은 다음과 같다. 증자가 말하였다. "열 개의 눈이 보는 바이며, 열 개의 손이 가리키는 바이니, 엄하도다. 부유함은 집을 윤택하게 하고, 덕은 몸을 윤택하게 한다. 마음이 넓으면 몸이 펴지는 것이니, 그러므로 군자는 반드시 그 뜻을 성실하게 한다."(曾子曰 十目所視며 十手所指니 其嚴乎인저 富潤屋이요 德潤身이라 心廣體胖하니 故로 君子는 必誠其意니라) 흔히 사람들은 나쁜 일을 하면서 남들에게 들키지만 않으면 괜찮다고 생각한다. 그러나 잠시 동안 남들의 눈은 피할 수 있을지 몰라도 자신의 마음만은 절대 속일 수 없다. 더욱이 시간이 지남에 따라 나쁜 일을 저지른 사람이 누구인지 사람들도 저절로 알게 되기 십상이다. 그러므로 군자는 설령 혼자 있더라도 항상 삼가고 경계한다.

4

익 지 서 운 악 관 약 만
益智書云 惡鑵이 若滿이면

천 필 주 지
天必誅之니라.

『익지서益智書』에서 말하였다. "악惡의 그릇이 가득 차면, 하늘이 반드시 그를 죽인다."

✓ 益: 더할 익. 智: 슬기 지. 書: 책 서. 鑵: 두레박 관. 若: 만약 약. 滿: 찰 만. 誅: 벨 주.

✓ 益智書: 송宋 나라 때에 만들어진 책으로 전해지고 있으나, 정확한 기록은 없다.

5

장 자 왈 약 인 작 불 선
莊子曰 若人이 作不善하여

득 현 명 자 인 수 불 해 천 필 육 지
得顯名者는 人雖不害나 天必戮之니라.

장자가 말하였다. "만약 사람이 착하지 못한 일을 하여 훌륭한 이름을 얻는 자는 사람이 비록 해치지 않더라도 하늘이 반드시 그를 죽일 것이다."

✓ 作: 지을 작. 得: 얻을 득. 顯: 나타날 현. 雖: 비록 수. 害: 해칠 해. 戮: 죽일 육(륙)

종 과 득 과　　종 두 득 두　　천 망
種瓜得瓜요 種豆得豆니 天網이
회 회　　　소 이 불 루
恢恢하여 疎而不漏니라. 6

오이씨를 심으면 오이를 얻고, 콩을 심으면 콩을 얻으니, 하늘의 그물이 넓고 넓어서 성글지만 새지 않는다.

✓ 種: 심을 종. 瓜: 오이 과. 豆: 콩 두. 網: 그물 망. 恢: 넓을 회. 疎: 성글 소(=疏). 漏: 샐 누(루).

| 해설 |

이 구절은 『노자老子』 73장 내용의 마지막 부분인 "하늘의 그물은 넓고 넓어서 성글지만 빠트리지 않는다."(天網恢恢하여 疏而不失이니라)라는 구절과 유사하다.

자 왈　획 죄 어 천　　　무 소 도 야
子曰 獲罪於天이면 無所禱也니라. 7

공자가 말하였다. "하늘에 죄를 얻으면 빌 곳이 없다."

✓ 獲: 얻을 획. 罪: 허물 죄. 禱: 빌 도.

| 해설 |

이 구절은 『논어論語』「팔일八佾」편에 있는 다음의 내용과 같다. "위衛나라 대부 왕손가王孫賈가 물었다. '안방의 신神에게 잘 보이기보다는 차라리 부엌 신에게 잘 보이는 것이 낫다 하니 무엇을 말한 것입니까?' 공자가 말하였다. '그렇지 않다. 하늘에 죄를 얻으면 빌 곳이 없다.'"(王孫賈問曰 與其媚於奧론 寧媚於竈라하니 何謂也잇고 子曰 不然하다 獲罪於天이면 無所禱也니라)

명심보감

3 순명편順命篇

하늘의 명命에 순응하는 글

내용요약

•

'순명편'은 '하늘의 명에 순응하는 글(총 5장)'을 모아두었다. 공자의 제자 자하子夏는 "죽음과 삶은 명이 있고, 부귀는 하늘에 달려 있다." 라고 말했다. 인생을 살다보면, 인간의 지혜로는 결코 알 수 없는 그 어떤 경지가 있다는 뜻이다. 그래서 예로부터 "백년도 살지 못하는 사람이 천년의 근심을 가지고 산다.(人生不滿百, 常懷千歲憂.)"는 말이 있는 것이다. 이 말은 중국 한漢나라 때 민간에서 유행하던 '서문행西門行'이란 노래의 한 구절이다. 거의 2천년을 넘게 전해져온 노랫말이니 한번쯤 깊이 새겨볼 만하다.

참으로 알다가도 모르는 것이 사람의 생각이다. 오래 살아도 100년을 채우기 어려운 게 인생인줄 알면서도 끊임없이 근심과 걱정 속에 사니 말이다. 그래서 큰 걱정이 없으면 작은 것을 크게 만들어 걱정하거나, 어쩌다 걱정거리가 없어지게 되면 굳이 쓸데없는 것까지 애써 찾아내어 걱정하기도 한다. 특히 걱정 중에서도 가장 흔한 것이 바로 공연히 남들과 비교해서 자신을 비참하게 만드는 일이다. 그러나 자신을 진정으로 행복하게 만드는 것은 외부가 아닌 자기를 존중하는 내면으로부터 나온다는 사실을 잊어서는 안 된다. 만일 어떤 사람이 타인과 자신을 비교하며 우월감과 만족감을 얻는다면, 그것은 결과적으로 자기 운명을 남에게 맡기는 것과 같다. 내 자신이 내 운명의 주인이 되지 못하고 타인에 의해 좌지우지되는 것이다. 그렇다고 타인들을 전혀 고려하지 말라는 것은 아니다. 사사건건 자신과 타인을 비교할 필요는 없다는 것이다.

여기에 한 가지를 덧붙이자면, 타인의 의견은 감사한 마음으로 듣되 항상 판단의 주체는 내 자신이라는 사실을 잊지 말아야 한다는 것이다. 중요한 것은 내면에서 우러나오는 자존감自尊感을 지키는 일이다. 남들이 뭐라 말하든, 나는 결코 그들의 말처럼 대단하지도 그렇게 형편없지도 않다는 사실을 명심해야 한다. 내가 한 일이 스스로 마음에 들고 떳떳한 일이라면, 괜히 다른 사람의 의견이나 그들의 성취 때문에 소중한 자신의 감정을 무시하거나 망치지 말라는 것이다.

- 모든 일은 분수가 이미 정해져 있는데, 덧없는 인생 부질없이 스스로 바쁘구나.
- 화는 요행으로 면할 수 없고, 복은 다시 구할 수 없다.
- 어리석고 귀먹고 벙어리라도 집은 호화롭고 부자요, 지혜 있고 총명한 사람도 도리어 가난하게 된다. 운수는 해와 달과 날과 시가 모두 처음부터 정해져 있으니, 계산해 보면 부귀는 명으로부터 말미암지 사람에 말미암지 않는다.

자하왈 사생유명 부귀재천

子夏曰 死生有命이요 富貴在天이니라.

1

자하子夏가 말하였다. "죽음과 삶은 명命이 있고, 부귀富貴는 하늘에 달려 있다."

✓ 夏: 여름 하. 死: 죽을 사. 命: 목숨 명. 富: 부유할 부. 貴: 귀할 귀.

✓ 원본에는 '子曰'로 되어 있으나, 『논어』「안연顏淵」편에는 자하의 말로 되어 있으므로 바로잡았다.

✓ 子夏(BC.507-BC.400): 공자의 제자로서 문학에 뛰어난 공문십철孔門十哲의 한 사람이다. 성은 복卜, 이름은 상商, 자는 자하子夏이다.

| 해설 |

이 구절은 『논어』「안연」편에 있는 다음의 내용과 같다.

사마우司馬牛는 송宋 나라에서 군사 업무를 관장하던 사마司馬 벼슬을 했던 환퇴桓魋의 동생인데, 평소 말이 많고 조급한 사람이었다. 어느 날 사마우가 걱정하며 말하였다. "남들은 모두 형제가 있는데, 나만 홀로 없구나." 자하가 말하였다. "내가 들으니 죽음과 삶은 명命에 달려 있고, 부귀는 하늘에 달려 있다 하였다. 군자가 경건한 마음을 가지면서 잃음이 없으며, 남과 더불어 있을 때 공손하고 예禮가 있으면, 사해四海의 안이 모두 형제이니 군자가 어찌 형제가 없음을 걱정하겠는가?"(司馬牛憂曰 人皆有兄弟어늘 我獨亡이로다 子夏曰 商은 聞之矣로니 死生이 有命이오 富貴在天이라호라 君子敬而無失하며 與人恭而有禮면 四海之內 皆兄弟也니 君子何患乎無兄弟也리오)

2

만 사 분 이 정　　　　부 생 공 자 망
萬事分已定이어늘 浮生空自忙이니라.

모든 일은 분수分數가 이미 정해져 있는데, 덧없는 인생 부질없이 스스로 바쁘구나.

✓ 萬: 일만 만. 事: 일 사. 分: 나눌 분. 已: 이미 이. 定: 정할 정. 浮: 뜰 부. 空: 부질없을 공. 忙: 바쁠 망.

3

경 행 록 운　화 불 가 행 면
景行錄云 禍不可倖免이요
복 불 가 재 구
福不可再求니라.

『경행록』에서 말하였다. "화禍는 요행僥倖으로 면할 수 없고, 복은 다시 구할 수 없다."

✓ 禍: 재앙 화. 倖: 요행 행. 免: 면할 면. 福: 복 복. 可: 가능할 가. 再: 다시 재. 求: 구할 구.

✓ 『景行錄』: 중국 송나라 때 지은 책인데, 현재는 전해지지 않는다. 〈1-7〉 참조.

4

시 래 풍 송 등 왕 각　　　운 퇴 뇌 굉 천 복 비

時來風送滕王閣이요 運退雷轟薦福碑라.

때가 오니 바람이 등왕각滕王閣으로 불어 보내고, 운運이 물러 가니 벼락이 천복비薦福碑에 떨어졌도다.

✓ 送: 보낼 송. 滕: 물 솟을 등. 閣: 집 각. 運: 운세 운. 退: 물러날 퇴. 雷: 우레 뇌(뢰). 轟: 울릴 굉. 薦: 천거할 천. 碑: 돌기둥 비.

✓ 滕王閣: 중국 당唐나라 때에 남창南昌 부근에 있던 유명한 누각樓閣이다. 등왕각 완성을 축하하는 자리에 당시 14세였던 왕발王勃이 700리 떨어진 길을 순풍 덕분에 하룻밤에 도착할 수 있었다. 이 때 쓴 「등왕각서滕王閣書」라는 명문장으로 왕발은 천하에 이름을 알리게 되었다.

✓ 薦福碑: 중국 송宋나라 때에 강서성江西省 천복사薦福寺에 있던 비석碑石이다. 전설에 의하면, 구래공寇萊公의 문객門客 가운데 한 사람이 지극히 가난하여 그를 도와주려고 했으나 도와 줄 명분名分이 없었다. 이에 구래공은 천복비의 비문碑文을 탁본拓本해 오면 그에게 상賞을 주겠다고 약속했다. 문객은 먼 길을 고생 끝에 찾아갔으나, 그날 밤 벼락이 쳐서 비석碑石이 깨져버리고 말았다.

열 자 왈　치 롱 음 아　가 호 부

列子曰 癡聾痼啞도 家豪富요

지 혜 총 명　각 수 빈

智慧聰明도 却受貧이라

년 월 일 시　해 재 정

年月日時 該載定하니

산 래 유 명 불 유 인

算來由命不由人이니라.

5

열자列子가 말하였다. "어리석고 귀먹고 벙어리라도 집은 호화롭고 부자요, 지혜 있고 총명한 사람도 도리어 가난하게 된다. 운수는 해와 달과 날과 시가 모두 처음부터 정해져 있으니, 계산해 보면 부귀는 명命으로부터 말미암지 사람에 말미암지 않는다."

✓ 列: 벌일 열(렬). 癡: 어리석을 치. 聾: 귀머거리 농(롱). 瘖: 벙어리 음. 啞: 벙어리 아. 豪: 호화로울 호. 智: 슬기 지. 慧: 슬기로울 혜. 聰: 귀 밝을 총. 却: 도리어 각. 諧: 모두 해. 載: 실을 재. 算: 셀 산.

✓ 列子(?-?): 중국 전국시대(BC 475-221)의 사상가로서 성은 열列, 이름은 어구禦寇이다. 노자老子, 장자莊子와 함께 중국 도가道家 사상을 확립시킨 3명 중 한 사람이다. 저서로는 『열자列子』가 있으나, 책 속에 포함된 글 가운데 많은 부분이 후대 사람들의 위작僞作으로 밝혀져, 사마천司馬遷은 『사기열전史記列傳』에서 열자를 제외시켰다.

명심보감

4 효행편孝行篇

효행孝行에 관한 글

내용요약

•

'효행편'은 '효행에 관한 글(총 6장)'을 모아두었다. 효도는 크게 2가지로 구분할 수 있다. 첫째, 물질적인 봉양奉養이다. 연세가 늘어가는 부모님에게 따뜻한 옷과 맛있는 음식, 편안히 주무실 수 있는 곳을 제공하는 것이 효도의 시작이다. 부모님의 '입과 몸을 봉양한다'는 뜻으로 이것을 양구체養口體라고 한다. 둘째, 정신적인 봉양이다. 사람은 나이가 들어감에 따라 자연스럽게 걱정이 많아진다. 그만큼 삶의 경험이 많기 때문이다. 특히 젊은 시절에 어려운 세월을 살아오신 부모님의 경우에는 그 걱정의 깊이를 상상하기조차 힘들 정도다. 따라서 부모님의 연세가 높을수록 마음을 편안하게 해드리는 것은 매우 중요하다. 이뿐만 아니라 좀 더 적극적인 방법 중 하나로서 자기 능력을 최대한 발휘하여 나라에 큰 공을 세우거나 사회적으로 높이 인정받는 것도 정신적인 봉양이 될 수 있다. 사회적으로 출세하는 것이 입신立身이라면, 자신이 훌륭하게 되어 세상에 이름을 널리 알리는 것을 양명揚名이라고 한다. 입신양명을 통해 부모님께서 나를 낳고 키운 보람을 느끼게 한다면 이것도 좋은 효도이다. 부모님의 마음을 편안하게 하고 '뜻을 받든다'는 뜻으로 이것을 양지養志라고 말한다.

『논어論語』에 나오는 얘기를 통해 오늘날 효도에 대해 다시 한 번 생각해 보자. 어느 날 공자의 제자 자유子游가 효도에 대해 질문하자 공자는 이렇게 대답한다. "지금 사람들의 효는 몸을 잘 봉양하는 것을 말한다. 그러나 사람들은 개와 말도 잘 길러준다. 만일 부모님을 공경하는 마음이 없다면, 무엇으로 이 둘을 구별할 수 있겠는가?(『論語』·「爲政」: 子曰 今之孝者, 是謂能養, 至於犬馬, 皆能有養, 不敬, 何以別乎.)" 부모님에 대한 효도에서 물질적인 봉양은 기본 중의 기본이다. 그렇다고 해서 정신적인 봉양[養志] 없이 물질적인 봉양[養口體]만을 내세운다면, 반려동물을 기르는 것과 무엇이 다르겠는가? 이 때문에 공자의 제자 유자有子는 스승의 뜻을 이어받아 "군자는 근본에 힘쓰니, 근본이 바로 서면 도道가 생긴다. 효도와 공손은 인仁을 행하는 근본이다.(『論語』·「學而」: 君子務本, 本立而道生, 孝弟也者, 其爲仁之本與.)"고 말한다. 공자는 군자에 대해 '근본에 힘쓰는 사람'이라고 정의한다. 이것을 군자무본君子務本이라고 한다. 군자가 힘쓰는 근본이란 효도와 공손을 가리키며 효도와 공손에 힘쓰면 도道가 생긴다고 본 것이다. 이것을 본립도생本立道生이라고 말한다. 이처럼 공자가 말하는 도道란 인간이 알기 어려운 우주의 심오한 원리나 추상적인 이론이 아니다. 일반인의 상식으로 이해할 수 없는 것은 우리들이 가야할 길[道]이 아니며 추구해야 할 목표가 될 수도 없다. 이런 의미에서 공자가 말하는 효孝란 인간의 기본 조건이라고 말할 수 있다.

- 아버지 나를 낳으시고 어머니 나를 기르시니, 가엾으신 부모님이시어 나를 낳으시며 애쓰고 수고하셨네. 깊은 은혜를 갚고자 하나 하늘처럼 끝이 없어라.
- 효자가 어버이를 섬길 때 거처함에는 그 공경을 다하고, 봉양함에는 그 즐거움을 다하고, 병중에는 근심을 다하고, 상중에는 슬픔을 다하고, 제사에는 엄숙함을 다한다.
- 부모가 살아 계시면 멀리 가서 놀지 않으며, 노는 것이 반드시 일정한 곳이 있어야 한다.
- 아버지가 명하여 부르시면 빨리 대답하며 느릿느릿 대답하지 말고, 음식이 입에 있거든 그것을 뱉는다.
- 어버이에게 효도하면 자식 또한 효도하나니, 내 자신이 이미 효도하지 않는다면 자식이 어찌 효도하겠는가?
- 효도하고 순한 사람은 또한 효도하고 순한 자식을 낳으며, 부모에게 거역한 사람은 또한 거역하는 아이를 낳는다. 믿지 못하겠거든 처마 끝의 낙숫물을 보라. 방울방울 떨어짐이 어긋남이 없다.

1

시 왈 부 혜 생 아 모 혜 국 아
詩曰 父兮生我하시고 母兮鞠我하시니

애 애 부 모 생 아 구 로 욕 보 심 은
哀哀父母여 生我劬勞샷다 欲報深恩인대

호 천 망 극
昊天罔極이로다.

『시경詩經』에서 말하였다 "아버지 나를 낳으시고 어머니 나를 기르시니, 가엾으신 부모님이시어 나를 낳으시며 애쓰고 수고하셨네. 깊은 은혜를 갚고자 하나 하늘처럼 끝이 없어라."

✓ 詩: 시 시. 兮: 어조사 혜. 鞠: 기를 국. 哀: 슬플 애. 劬: 힘쓸 구. 勞: 수고로울 로. 欲: 하고자 할 욕. 報: 갚을 보. 深: 깊을 심. 恩: 은혜 은. 昊: 하늘 호. 罔: 없을 망. 極: 다할 극.

✓ 詩經: 사서오경四書五經 중 하나로서 공자가 고대古代로부터 주周나라 때까지의 시 중에 305편을 선택하여 편집한 중국에서 가장 오래된 시가집詩歌集이다.

| 해설 |

이 구절은 『시경詩經』「소아小雅」편에 있는 다음의 내용과 같다.

"아버지는 나를 낳으시고 어머니는 나를 기르시니 나를 어루만지고 기르시며 나를 키우고 덮어주시며 나를 돌아보고 다시 보시며 나고 들 때 품에 안으시니 그 은덕을 갚고자 한다면 하늘처럼 다함이 없다."(父兮生我하시고 母兮鞠我하시니 拊我畜我하시며 長我育我하시며 顧我復我하시며 出入腹我하시니 欲報之德인댄 昊天罔極이로다)

자 왈 효 자 지 사 친 야 거 즉 치 기 경
子曰 孝子之事親也는 居則致其敬하고
양 즉 치 기 락 병 즉 치 기 우
養則致其樂하고 病則致其憂하고
상 즉 치 기 애 제 즉 치 기 엄
喪則致其哀하고 祭則致其嚴이니라. ②

공자가 말하였다. "효자가 어버이를 섬길 때 거처居處함에는 그 공경을 다하고, 봉양奉養함에는 그 즐거움을 다하고, 병중病中에는 근심을 다하고, 상중喪中에는 슬픔을 다하고, 제사祭祀에는 엄숙함을 다한다."

✓ 孝: 효도 효. 事: 섬길 사. 親: 어버이 친. 居: 살 거. 則: 곧 즉. 致: 다할 치. 其: 그 기. 敬: 공경할 경. 養: 봉양할 양. 樂: 즐거울 낙(락). 病: 병 병. 憂: 근심할 우. 喪: 죽을 상. 哀: 슬플 애. 祭: 제사 제. 嚴: 엄숙할 엄.

자 왈 부 모 재 불 원 유
子曰 父母在어시든 不遠遊하며
유 필 유 방
遊必有方이니라. ③

공자가 말하였다. "부모가 살아 계시면 멀리 가서 놀지 않으며, 노는 것이 반드시 일정한 곳이 있어야 한다."

✓遠: 멀 원. 遊: 놀 유. 方: 방위 방.

| 해설 |

이 구절은 『논어論語』「이인里仁」편에 있는 내용과 같다.

4

자 왈 부 명 소 유 이 불 락

子曰 父命召어시든 唯而不諾하고

식 재 구 즉 토 지

食在口則吐之니라.

공자가 말하였다. "아버지가 명命하여 부르시면 빨리 대답하며 느릿느릿 대답하지 말고, 음식이 입에 있거든 그것을 뱉는다."

✓命: 명할 명. 召: 부를 소. 唯: 빨리 대답할 유. 而: 말 이을 이. 諾: 느리게 대답할 낙(락). 食: 밥 식. 則: 곧 즉. 吐: 토할 토.

| 해설 |

이 구절은 『예기禮記』「옥조玉藻」편에 있는 다음의 내용과 같다.

"아버지가 부르시거든 빨리 대답하며 느릿느릿 대답하지 말고, 손에 일을 잡고 있을 때에는 그것을 던지고, 음식이 입에 있거든 그것을 뱉고, 급히 달려가야지 종종걸음으로 가지 않는다."(父命呼어시든 唯而不

諾하여 手執業則投之하며 食在口則吐之하고 走而不趨니라)

태공왈　효어친　자역효지
太公曰 孝於親이면 子亦孝之하나니
신기불효　자하효언
身旣不孝면 子何孝焉이리오. 5

태공이 말하였다. "어버이에게 효도하면 자식 또한 효도하나니, 내 자신이 이미 효도하지 않는다면 자식이 어찌 효도하겠는가?"

✓ 於: 어조사 어. 親: 어버이 친. 亦: 또 역. 身: 자신 신. 旣: 이미 기. 何: 어찌 하. 焉: 어조사 언.

효순　환생효순자　오역
孝順은 還生孝順子요 忤逆은
환생오역아　불신
還生忤逆兒하나니 不信커든
단간첨두수　점점적적불차이
但看簷頭水하라 點點滴滴不差移니라. 6

효도하고 순한 사람은 또한 효도하고 순한 자식을 낳으며, 부모에게 거역拒逆한 사람은 또한 거역하는 아들을 낳는다. 믿지

> 못하겠거든 저 처마 끝의 낙숫물을 보라. 방울방울 떨어짐이 어긋남이 없다.

✓ 順: 순할 순. 還: 또 환. 忤: 거스를 오. 逆: 거스를 역. 兒: 아이 아. 信: 믿을 신. 但: 다만 단. 看: 볼 간. 簷: 처마 첨. 頭: 머리 두. 點: 점 점. 滴: 물방울 적. 差: 어긋날 차. 移: 옮길 이.

| 해설 |

『맹자孟子』「이루하離婁下」편에 위 문장과 비교하며 읽어 볼만한 구절이 있다. 그 내용은 다음과 같다. 맹자가 말하였다. "세속에 이른바 불효라는 것이 다섯 가지이다. 그 사지를 게을리 하여 부모의 봉양을 돌보지 않는 것이 첫 번째 불효이고, 장기와 바둑을 두고 음주를 좋아하여 부모의 봉양을 돌보지 않는 것이 두 번째 불효이며, 재물을 좋아하고 아내와 아들만을 사랑하여 부모의 봉양을 돌보지 않는 것이 세 번째 불효이고, 귀와 눈의 욕망을 좇아 부모를 욕되게 하는 것이 네 번째 불효이며, 용맹을 좋아하고 싸우며 사나워서 부모를 위태롭게 하는 것이 다섯 번째 불효이다."(孟子曰 世俗所謂不孝者五니 惰其四肢하여 不顧父母之養이 一不孝也요 博奕好飮酒하여 不顧父母之養이 二不孝也요 好貨財하며 私妻子하여 不顧父母之養이 三不孝也요 從耳目之欲하여 以爲父母戮이 四不孝也요 好勇鬪狠하여 以危父母 五不孝也니라)

5 정기편正己篇

자기를 바르게 하는 글

내용요약

•

'정기편'은 '자기를 바르게 하는 글(총 26장)'을 모아두었다. 사람들은 남들이 잘한 것을 보면 간혹 시샘을 내거나 헐뜯고, 남들이 잘못한 것을 보면 험담을 하곤 한다. 그러나 엄밀히 말해서 이런 시샘이나 험담은 자기를 수양하는 데에는 아무런 보탬이 되지 않는다. 차라리 남들이 잘한 것을 보면 그것을 배우려고 노력하고, 남들이 잘못한 것을 보면 혹시 나에게는 그런 것이 없는지 반성하는 기회로 삼는 것이 더 유익할 것이다.

자신을 칭찬하는 말을 듣는 것은 생각만 해도 기분 좋은 일이다. 그러나 남들의 칭찬에 너무 익숙해지면 자신도 모르게 내면을 돌아보고 부족한 것을 채우는 일에 소홀해지기 쉽다. 경우에 따라서는 남들의 칭찬으로 인해 자칫 교만해질 수도 있다. 그래서 칭찬하는 말을 들을 때에는 경계하고 조심해야 하는 것이다. 나를 충고하는 말은 나의 단점과 잘못을 지적해 주는 말이기 때문에 듣는 순간에는 기분이 나쁠 수도 있다. 그러나 현재 자신의 모습을 진지하게 돌아보고 나의 잘못을 고쳐서 더욱 성숙한 자아를 만들고자 한다면, 진심이 담긴 충고는 달게 받아들이는 것이 좋을 것이다. 사람은 누구나 자신의 단점을 스스로 발견하기 어렵기 때문이다.

예로부터 군자들은 성욕, 승부욕, 소유욕 3가지를 가장 경계했다. 청소년기에는 끓어오르는 육체적 욕망을 이겨내기 힘들고, 장성해서는 넘치는 승부욕으로 인해 다툼이 생길 수 있으며, 나이가 들어 힘이 빠지면 자꾸만 자기 손에 쥐려고 욕심을 낸다는 것이다. 따라서 자기 내면을 올바르게 가꾸기 위해서는 평상시부터 자신의 욕심과 욕망, 분노 등을 잘 조절하는 능력을 길러야 한다. 식생활을 예로 들어 보자. 식욕은 남녀노소를 막론하고 사람이라면 누구나 가지고 있다. 그러나 식욕을 적절하게 조절하지 못하는 사람은 너무 뚱뚱하게 되거나 혹은 너무 깡마르게 되기 쉽다. 이 때문에 예로부터 '음식을 담백하게 먹으면 정신이 맑아진다'는 말이 있는 것이다.

- 남의 착한 점을 보거든 나의 착한 것을 찾아보고, 남의 악한 것을 보거든 나의 악한 점을 찾을 것이니, 이와 같이 하여야 바야흐로 유익하다.
- 나를 귀하게 여김으로써 남을 천하게 여기지 말고, 자기를 크게 여김으로써 남을 업신여기지 말며, 용맹을 믿고서 적을 가볍게 여기지 말라.
- 남의 과실을 듣거든 부모의 이름을 듣는 것과 같이 하여 귀로는 들을지인정 입으로 발해서는 안 된다.
- 근면은 값을 매길 수 없는 보배이며, 신중은 몸을 보호하는 신표이다.

- 생명을 보존하는 자는 욕심을 적게 하고 몸을 보존하는 자는 명예를 피할 것이니, 욕심을 없애기는 쉬우나 명예를 없게 하기는 어렵다.
- 성냄이 심하면 특히 기운을 상하고, 생각이 많으면 크게 정신을 손상한다. 정신이 피로하면 마음이 사역 당하기 쉽고, 기운이 약하면 병이 서로 생겨난다. 슬퍼하고 기뻐하는 것을 심하게 하지 말 것이며, 마땅히 음식을 고르게 하며, 밤에 자주 술 취하는 것을 막고, 새벽에 성내는 것을 제일 경계하라.
- 성냄을 징계하기를 마치 불을 끄듯이 하고, 욕심 막기를 물을 막듯이 하라.
- 여러 사람이 좋아하더라도 반드시 살펴보아야 하며, 여러 사람이 미워하더라도 반드시 살펴보아야 한다.
- 술에 취해서는 말하지 않음이 진정한 군자요, 재물에 대해 분명함이 사내대장부이다. 모든 일에 너그러움을 좇으면 그 복이 저절로 두터워진다.
- 타인을 헤아리고자 한다면 먼저 반드시 자신을 헤아려라. 남을 해치는 말은 도리어 자신을 해치는 것이니, 피를 머금어 남에게 뿜으면 먼저 자기의 입을 더럽힌다.
- 귀로는 남의 나쁜 것을 듣지 말고, 눈으로는 남의 단점을 보지 말고, 입으로는 남의 허물을 말하지 않아야 군자에 가깝다. 복은 청렴과 검소함에서 생기고, 덕은 낮추고 물러서는 데서 생기며, 도는 안정에서 생기고, 생명은 화창함에서 생긴다. 근심은 욕심이 많음에서 생기고, 재앙은 탐욕이 많은 데서 생기며, 과실은 경솔하고 교만한 데서 생기고, 죄악은 어질지 못한 데서 생긴다.

1

성리서운 견인지선 이심기지선
性理書云 見人之善이어든 而尋己之善하고

견인지악 이심기지악
見人之惡이어든 而尋己之惡이니

여차 방시유익
如此라야 方是有益이니라.

성리서性理書에서 말하였다. "남의 착한 점을 보거든 나의 착한 것을 찾아보고, 남의 악한 것을 보거든 나의 악한 점을 찾을 것이니, 이와 같이 하여야 바야흐로 유익하다."

✓ 性: 성품 성. 理: 이치 리. 云: 말할 운. 尋: 찾을 심. 己: 자기 기. 如: 같을 여. 此: 이 차. 方: 바야흐로 방. 是: 이 시. 益: 이로울 익.

2

경행록운 대장부당용인
景行錄云 大丈夫當容人이언정

무위인소용
無爲人所容이니라.

『경행록景行錄』에서 말하였다. "대장부는 마땅히 남을 용서容恕할지언정, 남에게 용서를 받는 사람이 되지 말아야 한다."

✓ 丈: 어른 장. 夫: 지아비 부. 當: 마땅 당. 容: 용납할 용. 爲: 될 위.

태 공 왈 물 이 귀 기 이 천 인
太公曰 勿以貴己而賤人하고
물 이 자 대 이 멸 소
勿以自大而蔑小하고
물 이 시 용 이 경 적
勿以恃勇而輕敵이니라.

③

태공太公이 말하였다. "나를 귀하게 여김으로써 남을 천하게 여기지 말고, 자기를 크게 여김으로써 남을 업신여기지 말며, 용맹勇猛을 믿고서 적을 가볍게 여기지 말라."

✓ 貴: 귀할 귀. 賤: 천할 천. 蔑: 업신여길 멸. 恃: 믿을 시. 勇: 용맹 용. 輕: 가벼울 경. 敵: 적 적.

마 원 왈 문 인 지 과 실
馬援曰 聞人之過失이어든
여 문 부 모 지 명 이 가 득 문
如聞父母之名하여 耳可得聞이언정
구 불 가 언 야
口不可言也니라.

④

마원馬援이 말하였다. "남의 과실을 듣거든 부모의 이름을 듣는 것과 같이 하여 귀로는 들을지언정 입으로 말해서는 안 된다."

✓援: 당길 원. 聞: 들을 문. 過: 허물 과. 失: 잃을 실. 如: 같을 여. 名: 이름 명. 耳: 귀 이. 得: 얻을 득. 言: 말씀 언.

강절소선생왈 문인지방 미상노
康節邵先生曰 聞人之謗이라도 未嘗怒하며
문인지예 미상희 문인지악
聞人之譽라도 未嘗喜하며 聞人之惡이라도
미상화 문인지선 즉취이화지
未嘗和하며 聞人之善이면 則就而和之하고
우종이희지 기시왈 락견선인
又從而喜之니라. 其詩曰 樂見善人하며
락문선사 락도선언 락행선의
樂聞善事하며 樂道善言하며 樂行善意하고
문인지악 여부망극
聞人之惡이어든 如負芒棘하고
문인지선 여패난혜
聞人之善이어든 如佩蘭蕙니라.

5

강절소선생康節邵先生이 말하였다. "남의 비방誹謗을 듣더라도 성내는 일이 없어야 할 것이며, 남의 칭찬을 들어도 기뻐하는 일이 없어야 할 것이다. 남의 좋지 못한 소문을 듣더라도 이에 동조하는 일이 없을 것이며, 남의 착한 것을 듣거든 곧 나아가 어울리고 또 따라 기뻐할지니라. 그의 시詩에 이렇게 썼다. '선한 사람 보기를 즐겨하며, 선한 일 듣기를 즐겨 하며, 선한 말하기를 즐겨하며, 선한 뜻 행하기를 즐겨 하고, 남의 악한 점을 듣거든 가시를 몸에 진 것 같이 여기고, 남의 선한 점을 듣거든 난초를 몸에 지닌 것 같이 여기라'."

✓ 康: 편안할 강. 節: 마디 절. 邵: 높을 소. 聞: 들을 문. 謗: 비방할 방. 嘗: 일찍이 상. 怒: 성낼 노. 譽: 칭찬할 예. 喜: 기쁠 희. 和: 화활 화. 就: 나아갈 취. 從: 따를 종. 道: 말할 도. 意: 뜻 의. 如: 같을 여. 負: 질 부. 芒: 가시 망. 棘: 가시 극. 佩: 찰 패. 蘭: 난초 난(란). 蕙: 난초 혜.

도 오 선 자　　시 오 적
道吾善者는 是吾賊이요
도 오 악 자　　시 오 사
道吾惡者는 是吾師니라.

6

나의 선한 점을 말해 주는 사람은 나의 적이요, 나의 나쁜 점을 말해 주는 사람은 나의 스승이다.

✓ 道: 말할 도. 吾: 나 오. 者: 사람 자. 是: 이 시. 賊 : 도적 적. 師: 스승 사.

태 공 왈　근 위 무 가 지 보
太公曰 勤爲無價之寶요
신 시 호 신 지 부
愼是護身之符니라.

7

태공이 말하였다. "근면勤勉은 값을 매길 수 없는 보배이며, 신중愼重은 몸을 보호하는 신표信標이다."

✓ 勤: 부지런할 근. 爲: 될 위. 價: 값 가. 寶: 보배 보. 愼: 삼갈 신. 護: 보호할 호. 符: 신표 부.

✓ 信標: 군대를 동원할 때 사용하는 부符, 병부兵符, 발병부發兵符를 가리킨다. 대부분 나무로 만들었는데 한 면에는 '발병發兵'이라고 쓰고 다른 한 면에는 관직명이나 부대명칭을 적었다. 가운데를 쪼개어 오른 쪽은 책임자가 소지하고 왼쪽은 임금이 가지고 있다가 군대를 동원할 때 임금이 교서敎書와 함께 신표를 내려 보내면 서로 맞추어 보고 명령을 수행했다.

8

景行錄曰(경행록왈) 保生者(보생자)는 寡慾(과욕)하고 保身者(보신자)는 避名(피명)이니 無慾(무욕)은 易(이)나 無名(무명)은 難(난)이니라.

『경행록』에서 말하였다. "생명을 보존하는 자는 욕심을 적게 하고 몸을 보존하는 자는 명예名譽를 피할 것이니, 욕심을 없애기는 쉬우나 명예를 없게 하기는 어렵다."

✓ 保: 지킬 보. 寡: 적을 과. 慾: 욕심 욕. 避: 피할 피. 易: 쉬울 이. 難: 어려울 난.

자 왈 군 자 유 삼 계 소 지 시
子曰 君子有三戒하니 少之時엔

혈 기 미 정 계 지 재 색
血氣未定이라 戒之在色하고

급 기 장 야 혈 기 방 강
及其長也하여는 血氣方剛이라

계 지 재 투 급 기 노 야
戒之在鬪하고 及其老也하여는

혈 기 기 쇠 계 지 재 득
血氣旣衰라 戒之在得이니라.

9

공자孔子가 말하였다. "군자君子는 세 가지 경계하는 것이 있으니 어릴 때는 혈기가 정하여지지 않았는지라 경계할 것이 여색女色에 있고, 장성長成함에 이르러서는 혈기가 바야흐로 강성強盛한지라 경계할 것이 싸움에 있고, 몸이 늙음에 이르러서는 혈기가 이미 쇠해졌는지라 경계할 것이 얻으려는 데 있다."

✓ 君: 임금 군. 戒: 경계할 계. 少: 젊을 소. 時: 때 시. 血: 피 혈. 氣: 기운 기. 定: 정할 정. 色: 여색 색. 及: 미칠 급. 長: 어른 장. 剛: 굳셀 강. 鬪: 싸울 투. 老: 늙을 노(로). 旣: 이미 기. 衰: 쇠할 쇠. 得: 얻을 득.

| 해설 |

이 구절은 『논어論語』「계씨季氏」편에 있는 다음의 내용과 같다. 공자께서 말씀하셨다. "군자에게 3가지 경계할 것이 있으니, 젊어서는 혈기가 아직 정해지지 않았으므로 경계할 것이 여색에 있고, 장성해서는 혈기가 한창 강하므로 경계할 것이 싸움에 있고, 늙어서는 혈기가 이미 쇠하므로 경계할 것이 얻는 데 있다."(孔子曰 君子有三戒하니 少之時에 血氣未定이라 戒之在色이오 及其壯也하여 血氣方剛이라 戒之在鬪오 及其老也하여 血氣旣衰라 戒之在得이니라)

손 진 인 양 생 명 운　노 심 편 상 기
孫眞人養生銘云 怒甚偏傷氣요

사 다 태 손 신　신 피 심 이 역
思多太損神이라 神疲心易役이요

기 약 병 상 인　물 사 비 환 극
氣弱病相因이라 勿使悲歡極하고

당 령 음 식 균　재 삼 방 야 취
當令飮食均하며 再三防夜醉하고

제 일 계 신 진
第一戒晨嗔하라.

10

『손진인孫眞人 양생명養生銘』에서 말하였다. "성냄이 심하면 특히 기운을 상하고, 생각이 많으면 크게 정신을 손상한다. 정신이 피로하면 마음이 사역使役 당하기 쉽고, 기운이 약하면 병이 서로 생겨난다. 슬퍼하고 기뻐하는 것을 심하게 하지 말 것이며, 마땅히 음식을 고르게 하며, 밤에 자주 술 취하는 것을 막고, 새벽에 성내는 것을 제일 경계警戒하라."

✓ 孫: 손자 손. 眞: 참 진. 養: 기를 양. 銘: 새길 명. 怒: 성낼 노. 甚: 심할 심. 偏: 치

우칠 편. 傷: 상할 상. 思: 생각 사. 多: 많을 다. 太: 너무 태. 損: 덜 손. 神: 귀신 신. 疲: 피곤할 피. 易: 쉬울 이. 役: 부릴 역. 弱: 약할 약. 病: 병 병. 相: 서로 상. 因: 인할 인. 勿: 말 물. 使: 하여금 사. 悲: 슬플 비. 歡: 기쁠 환. 極: 극할 극. 當: 마땅 당. 令: 하여금 영(령). 飮: 마실 음. 食: 먹을 식. 均: 고를 균. 再: 다시 재. 防: 막을 방. 夜: 밤야. 醉: 취할 취. 第: 차례 제. 晨: 새벽 신. 嗔: 성낼 진.

✓ 孫眞人: 도교道教에서 받드는 손孫씨 성姓을 가진 신선神仙 중 하나. 진인眞人이란 도교에서 최고 경지에 오른 신선을 가리킨다. 일설에 따르면, 당唐나라 손사막孫思邈이라고도 한다.

✓ 養生銘: 도교에서 생명을 보존하고 장수長壽하는 비결을 적은 글.

✓ 使役: 누군가에 의해 지시를 받아 움직이거나 그것에 의해 휘둘리는 일을 가리킨다.

경 행 록 왈 식 담 정 신 상

景行錄曰 食淡精神爽이요

심 청 몽 매 안

心清夢寐安이니라.

11

『경행록』에서 말하였다. "음식이 담박淡泊하면 정신이 상쾌爽快할 것이요, 마음이 맑으면 꿈과 잠자리가 편안하다."

✓ 淡: 담박할 담. 精: 자세할 정. 神: 귀신 신. 爽: 상쾌할 상. 淸: 맑을 청. 夢: 꿈 몽. 寐: 잠잘 매. 安: 편안할 안.

정 심 응 물 수 불 독 서

定心應物하면 雖不讀書라도

12 가이위유덕군자
可以爲有德君子니라.

마음을 정하여 사물事物에 대응하면, 비록 글을 읽지 않았더라도 덕이 있는 군자가 될 수 있다.

✓ 定: 정할 정. 應: 응할 응. 物: 만물 물. 雖: 비록 수. 讀: 읽을 독. 書: 책 서. 爲: 될 위. 德: 덕 덕. 君: 임금 군.

✓ 物: 일반적으로는 물건이나 사물을 뜻하지만, 성리학에서는 외부의 모든 사물과 사건들을 총칭한다.

13 근사록운 징분 여구화
近思錄云 懲忿을 如救火하고
질욕 여방수
窒慾을 如防水하라.

『근사록近思錄』에서 말하였다. "성냄을 징계懲戒하기를 마치 불을 끄듯이 하고, 욕심慾心 막기를 물을 막듯이 하라."

✓ 近: 가까울 근. 思: 생각 사. 錄: 기록할 녹(록). 懲: 징계할 징. 忿: 성낼 분. 如: 같을 여. 救: 구제할 구. 窒: 막을 질. 慾: 욕심 욕. 防: 막을 방.

✓ 近思錄: 송宋나라 주자朱子(1130-1200)가 그의 친구인 여조겸呂祖謙(1137-1181)과 함께 지은 책으로서 인격수양에 관한 명언 622조목을 간추려 14부로 편집한 책이다.

이 견 지 운 피 색 여 피 수 피 풍
夷堅志云 避色을 如避讐하고 避風을
여 피 전 막 끽 공 심 다
如避箭하며 莫喫空心茶하고
소 식 중 야 반
少食中夜飯하라.

14

『이견지夷堅志』에서 말하였다. "여색女色 피하기를 원수怨讐 피하듯이 하고, 바람 피하기를 화살 피하는 것 같이 하며, 빈속에 차를 마시지 말고, 밤중에는 밥을 적게 먹어라."

✓ 夷: 오랑캐 이. 堅: 굳을 견. 志: 뜻 지. 云: 이를 운. 避: 피할 피. 色: 여색 색. 讐: 원수 수. 風: 바람 풍. 箭: 화살 전. 莫: 말 막. 喫: 마실 끽. 空: 빌 공. 茶: 차 다. 少: 적을 소. 食: 먹을 식. 夜: 밤 야. 飯: 밥 반.

✓ 夷堅志: 중국 송宋나라 홍매洪邁(1123-1202)가 신선과 귀신에 관한 이야기를 모아 엮은 설화집(총 420권).

순 자 왈 무 용 지 변 불 급 지 찰
荀子曰 無用之辯과 不急之察을
기 이 물 치
棄而勿治하라.

15

순자荀子가 말하였다. "쓸 데 없는 변론辯論이나 급하지 않은 살핌[일]은 버려 두어 다스리지 말라."

✓ 荀: 풀이름 순. 無: 없을 무. 用: 쓸 용. 辯: 말 잘할 변. 急: 급할 급. 察: 살필 찰. 棄: 버릴 기. 勿: 말 물. 治: 다스릴 치.

✓ 荀子(?–BC.235): 이름은 황況이며, 중국 전국戰國시대 말기 사람이다. 맹자孟子의 성선설性善說에 대응하여 성악설性惡說을 주장한 사상가로서 조趙나라 출신이다. 순경荀卿이라는 존칭으로 불리기도 한다.

16

자 왈 중 호 지 필 찰 언
子曰 衆이 好之라도 必察焉하며

중 오 지 필 찰 언
衆이 惡之라도 必察焉이니라.

공자가 말하였다. "여러 사람이 좋아하더라도 반드시 살펴보아야 하며, 여러 사람이 미워하더라도 반드시 살펴보아야 한다."

✓ 衆: 무리 중. 好: 좋아할 호. 察: 살필 찰. 焉: 어조사 언. 惡: 미워할 오.

| 해설 |

이 구절은 『논어論語』「위령공衛靈公」편에 있는 내용과 같다.

주 중 불 어 진 군 자 재 상 분 명
酒中不語는 眞君子요 財上分明은

대 장 부
大丈夫니라.

17

술에 취해서는 말하지 않음이 진정한 군자요, 재물財物에 대해 분명함이 사내대장부이다.

✓ 酒: 술 주. 語: 말씀 어. 眞: 참 진. 財: 재물 재. 分: 나눌 분. 明: 밝을 명. 丈: 어른 장. 夫: 지아비 부.

18

만 사 종 관 기 복 자 후

萬事從寬이면 其福自厚니라.

모든 일에 너그러움을 좇으면 그 복이 저절로 두터워진다.

✓ 萬: 일만 만. 事: 일 사. 從: 따를 종. 寬: 너그러울 관. 其: 그 기. 福: 복 복. 自: 스스로 자. 厚: 두터울 후.

19

태 공 왈 욕 량 타 인 선 수 자 량

太公曰 欲量他人인대 先須自量하라

상 인 지 어 환 시 자 상 함 혈 분 인

傷人之語는 還是自傷이니 含血噴人이면

선 오 기 구

先汚其口니라.

태공이 말하였다. "타인을 헤아리고자 한다면 먼저 반드시 자신을 헤아려라. 남을 해치는 말은 도리어 자신을 해치는 것이니, 피를 머금어 남에게 뿜으면 먼저 자기의 입을 더럽힌다."

✓ 欲: 하고자할 욕. 量: 헤아릴 양(량). 他: 다를 타. 先: 먼저 선. 須: 반드시 수. 傷: 상할 상. 還: 도리어 환. 是: 이 시. 含: 머금을 함. 血: 피 혈. 噴: 뿜을 분. 汚: 더럽힐 오.

20

범희 무익 유근 유공

凡戲는 無益이요 惟勤이 有功이니라.

모든 유희遊戲는 무익하고, 오직 근면勤勉만이 공功이 있다.

✓ 凡: 모두 범. 戲: 놀 희. 益: 이로울 익. 惟: 오직 유. 勤: 부지런할 근. 功: 공로 공.

21

태공왈 과전 불납리

太公曰 瓜田에 不納履하고

이하 불정관

李下에 不整冠이니라.

태공이 말하였다. "참외 밭에서 짚신을 고쳐 신지 말고, 오얏 나무 아래에서는 갓을 고쳐 쓰지 말라."

✓ 瓜: 오이 과. 納: 거두어들일 납. 履: 신발 이(리). 李: 오얏 이(리). 整: 가지런할

정. 冠: 갓 관.

경 행 록 왈 심 가 일 형 불 가 불 로
景行錄曰 心可逸이언정 形不可不勞요

도 가 락 신 불 가 불 우
道可樂이언정 身不可不憂니

형 불 로 즉 태 타 이 폐
形不勞則怠惰易弊하고

신 불 우 즉 황 음 부 정
身不憂則荒淫不定이라.

고 일 생 어 로 이 상 휴
故로 逸生於勞而常休하고

락 생 어 우 이 무 염 일 락 자
樂生於憂而無厭하나니 逸樂者는

우 로 기 가 망 호
憂勞를 其可忘乎아.

22

『경행록』에서 말하였다. "마음은 편안할 수 있을지언정 육체는 수고롭지 않아서는 안 될 것이요, 도는 즐길 수 있을지언정 몸은 걱정하지 않아서는 안 된다. 육체가 수고롭지 않으면 게을러져서 어그러지기 쉽고, 몸이 걱정하지 않으면 방탕해져서 안정하지 못한다. 그러므로 편안함은 수고로움에서 생겨 항상 편안할 수 있고, 즐거움은 근심에서 생겨 싫증이 없나니, 편안하고 즐거워하는 사람이 근심과 수고로움을 어찌 잊을 수 있겠는가?"

✓ 逸: 편안할 일. 形: 몸 형. 勞: 수고로울 노(로). 道: 도 도. 樂: 즐길 낙(락). 身: 몸 신. 憂: 근심 우. 怠: 게으를 태. 惰: 게으를 타. 易: 쉬울 이. 弊: 폐단 폐. 荒: 거칠 황. 淫: 음란할 음. 定: 정할 정. 故: 까닭 고. 逸: 편할 일. 常: 항상 상. 休: 쉴 휴. 厭: 싫을 염. 忘: 잊을 망. 乎: 어조사 호.

23

耳不聞人之非하고 目不視人之短하고
口不言人之過라야 庶幾君子니라.

귀로는 남의 나쁜 것을 듣지 말고, 눈으로는 남의 단점을 보지 말고, 입으로는 남의 허물을 말하지 않아야 군자에 가깝다.

✓ 聞: 들을 문. 非: 아닐 비. 短: 짧을 단. 過: 허물 과. 庶: 거의 서. 幾: 거의 기.

| 해설 |

『논어論語』「안연顔淵」편에 위 문장과 비교하며 읽어 볼만한 구절이 있다. 그 내용은 다음과 같다. 공자가 말하였다. "군자는 남의 장점을 이루어 주고 남의 단점을 이루어 주지 않지만, 소인은 이를 반대로 한다."(子曰 君子는 成人之美하고 不成人之惡하나니 小人은 反是니라) 군자는 타인을 아끼는 마음으로 상대방의 좋은 점을 드러내 주고, 나쁜 점은 감추어 준다. 그러나 소인은 남들과 경쟁하여 이기고 싶은 마음 때문에 상대방의 나쁜 점을 일부러 드러내고 좋은 점은 감추려고 한다.

채 백 개 왈 희 노 재 심
蔡伯喈曰 喜怒는 在心하고
언 출 어 구 불 가 불 신
言出於口하나니 不可不愼이니라.

24

채백개蔡伯喈가 말하였다. "기뻐하고 노여워하는 것은 마음에 있고, 말은 입 밖으로 나가는 것이니 삼가지 않을 수 없다."

✓ 蔡: 나라 채. 伯: 맏 백. 喈: 새소리 개. 喜: 기쁠 희. 怒: 성낼 노. 於: 어조사 어. 愼: 삼갈 신.

✓ 蔡伯喈(?-?): 후한後漢 영제靈帝 때의 학자이다. 이름은 옹邕, 호는 백개伯喈이며, 시부詩賦와 글을 잘썼다고 전해진다. 저서로는 『채중랑집蔡中郎集』이 있다.

재 여 주 침 자 왈 후 목
宰予 晝寢이어늘 子曰 朽木은
불 가 조 야 분 토 지 장 불 가 오 야
不可雕也요 糞土之墻은 不可圬也니라.

25

재여宰予가 낮잠을 자거늘, 공자가 말하였다. "썩은 나무는 조각할 수 없고, 썩은 흙으로 만든 담은 흙손질을 할 수 없다."

✓ 宰: 재상 재. 予: 나 여. 晝: 낮 주. 寢: 잠잘 침. 朽: 썩을 후. 雕: 새길 조. 糞: 똥 분. 墻: 담 장. 圬: 흙손질 할 오.

✓ 宰予(B.C.522-458): 공자보다 29세가 적은 공자의 제자로서 춘추 말기 노나라

사람이다. 자字는 자아子我이며, 공문십철孔門十哲의 한 사람이다. 『사기史記』에 따르면, 재여는 공자가 주유천하周遊天下할 때에 처음부터 끝까지 동행했다고 전한다. 특히 지혜가 뛰어났으며, 언변言辯에도 능한 사람이었다.

| 해설 |

이 구설은 『논어論語』「공야장公冶長」 편에 있는 다음의 내용과 같다.

재여宰予가 낮잠을 자거늘, 공자가 말하였다. "썩은 나무는 조각할 수 없고, 썩은 흙으로 만든 담은 흙손질을 할 수 없다. 재여에게 무엇을 꾸짖겠는가?" 공자가 말하였다. "처음에 나는 남에 대하여 그의 말을 듣고 그의 행실을 믿었으나, 이제 남에 대하여 그의 말을 듣고 그의 행실을 살피게 되었다. 재여에게서 이것이 바뀐 것이다."(宰予 晝寢이어늘 子曰 朽木은 不可雕也며 糞土之牆은 不可杇也니 於予與에 何誅리오 子曰 始吾於人也에 聽其言而信其行이러니 今吾於人也에 聽其言而觀其行하노니 於予與에 改是로라)

자 허 원 군 성 유 심 문 왈 복 생 어 청 검
紫虛元君誠諭心文曰 福生於清儉하고

덕 생 어 비 퇴 도 생 어 안 정
德生於卑退하고 道生於安靜하고

명 생 어 화 창 환 생 어 다 욕
命生於和暢하고 患生於多慾하고

화 생 어 다 탐 과 생 어 경 만
禍生於多貪하고 過生於輕慢하고

죄 생 어 불 인 계 안
罪生於不仁이니라. 戒眼하여

막 간 타 비 계 구 막 담 타 단
莫看他非하고 戒口하여 莫談他短하고

계 심 막 자 탐 진 계 신
戒心하여 莫自貪嗔하고 戒身하여

막 수 악 반 무 익 지 언 막 망 설
莫隨惡伴하며 無益之言을 莫妄說하고

불 간 기 사 막 망 위 존 군 왕 효 부 모
不干己事를 莫妄爲하며 尊君王孝父母하고

경 존 장 봉 유 덕 별 현 우 서 무 식
敬尊長奉有德하고 別賢愚恕無識하며

물 순 래 이 물 거 물 기 거 이 물 추
物順來而勿拒하고 物旣去而勿追하며

신 미 우 이 물 망 사 이 과 이 물 사
身未遇而勿望하고 事已過而勿思하라.

총 명 다 암 매 산 계 실 편 의
聰明도 多暗昧요 算計도 失便宜니라.

손 인 종 자 실 의 세 화 상 수
損人終自失이요 依勢禍相隨라.

계 지 재 심 수 지 재 기
戒之在心하고 守之在氣라.

위 부 절 이 망 가 인 불 렴 이 실 위
爲不節而亡家하고 因不廉而失位니라.

권 군 자 경 어 평 생
勸君自警於平生하노니

가 탄 가 경 이 가 외
可歎可驚而可畏니라.

상 임 지 이 천 감 하 찰 지 이 지 기
上臨之以天鑑하고 下察之以地祇라.

명 유 왕 법 상 계 암 유 귀 신 상 수
明有王法相繼하고 暗有鬼神相隨라.

유 정 가 수 심 불 가 기 계 지 계 지
惟正可守요 心不可欺니 戒之戒之하라.

26

『자허원군紫虛元君 성유심문誠諭心文』에서 말하였다. "복은 청렴과 검소함에서 생기고, 덕은 낮추고 물러서는 데서 생기며, 도는 안정에서 생기고, 생명은 화창함에서 생긴다. 근심은 욕심이 많음에서 생기고, 재앙은 탐욕이 많은 데서 생기며, 과실은 경솔하고 교만한 데서 생기고, 죄악은 어질지 못한 데서 생긴다. 눈을 경계하여 다른 사람의 그릇된 것을 보지 말고, 입을 경계하여 다른 사람의 단점을 말하지 말고, 마음을 경계하여 스스로 탐내고 성내지 말고, 몸을 경계하여 나쁜 동료를 따르지 말며, 유익하지 않은 말은 함부로 하지 말고, 나와 관련 없는 일은 함부로 하지 말라. 임금을 높이고 부모에게 효도하며, 존장尊長을 존경하고 덕이 있는 사람을 받들며, 어진 사람과 어리석은 사람을 분별하고 무식한 사람을 용서하라. 일이 순리順理대로 오거든 물리치지 말고, 일이 이미 지나갔거든 뒤쫓지 말며, 몸이 아직 때를 만나지 않았거든 원망하지 말고, 일이 이미 지나갔거든 생각하지 말라. 총명한 사람도 어두운 때가 많고, 계산도 편의를 잃는 수가 있다. 남을 손상하면 마침내 자기도 손실을 입을 것이요, 세력에 의존하면 재앙이 서로 따른다. 경계할 것은 마음에 있고, 지킬 것은 기운에 있다. 절약하지 않음으로써 집을 망치고 청렴하지 않음 때문에 지위를 잃는다. 그대에게 평생을 두고 스스로 경계할 것을 권고하노니, 탄식하고 놀라고 두려워하라. 위에는 하늘의 거울이 그대를 굽어보고, 아래에는 땅의 신령이 그대를 살피고 있다. 밝은 곳에는 왕법王法이 서로 이어져 있고, 어두운 곳에는 귀신이 서로 따르고 있다. 오직 바른 것을 지켜야 하고 마음을 속여서는 안 되니, 경계하고 경계하라."

✓ 紫: 붉을 자. 虛: 빌 허. 元: 으뜸 원. 淸: 맑을 청. 儉: 검소할 검. 卑: 낮을 비. 退: 물러날 퇴. 靜: 고요할 정. 和: 화할 화. 暢: 화창할 창. 患: 근심 환. 慾: 욕심 욕. 多: 많을 다. 貪: 탐할 탐. 輕: 가벼울 경. 慢: 게으를 만. 罪: 허물 죄. 仁: 어질 인. 戒: 경계할 계. 眼: 눈 안. 莫: 말 막. 看: 볼 간. 他: 다를 타. 非: 아닐 비. 談: 말씀 담. 短: 짧을 단. 嗔: 성낼 진. 隨: 따를 수. 伴: 짝 반. 益: 이로울 익. 妄: 망령될 망. 說: 말씀 설. 干: 간여할 간. 爲: 할 위. 尊: 높을 존. 敬: 공경할 경. 奉: 받들 봉. 別: 분별할 별. 賢: 어질 현. 愚: 어리석을 우. 恕: 용서할 서. 識: 알 식. 順: 순할 순. 拒: 막을 거. 遇: 만날 우. 望: 바랄 망. 已: 이미 이. 過: 지날 과. 聰: 귀 밝을 총. 暗: 어두울 암. 昧: 어두울 매. 算: 셀 산. 計:계산 계. 失: 잃을 실. 便: 편할 편. 宜: 마땅할 의. 損: 덜 손. 終: 마침내 종. 依: 의지할 의. 勢: 세력 세. 禍: 재앙 화. 隨: 따를 수. 戒: 경계할 계. 守: 지킬 수. 氣: 기운 기. 節: 절약할 절. 因: 인할 인. 廉: 청렴할 염(렴). 位: 자리 위. 勸: 권할 권. 警: 경계할 경. 歎: 탄식할 탄. 驚: 놀랄 경. 畏: 두려워할 외. 臨: 임할 임(림). 鑑: 거울 감. 察: 살필 찰. 祇: 토지신 기. 繼: 이을 계. 鬼: 귀신 귀. 神: 귀신 신. 惟: 오직 유. 欺: 속일 기.

✓ 紫虛元君: 도교道敎에서 받드는 여자 신선神仙.

✓ 誠諭心文: 정성으로 마음을 깨우쳐 준 글.

명심보감

6 안분편安分篇

분수分數에 만족하는 글

내용요약

•

'안분편'은 '분수에 만족하는 글(총 7장)'을 모아두었다. 『채근담菜根譚』에 보면, "인생의 화복禍福은 모두 머릿속 생각이 만들어 내는 것이다. 그러므로 부처는 '이욕利慾에 대한 마음이 걷잡을 수 없게 되면 그게 바로 지옥의 불구덩이요, 탐욕에 깊이 빠져들게 되면 그것이 곧 고통의 바다이다. 그러나 마음이 맑고 깨끗하면 뜨거운 불길도 연못처럼 잔잔해지고, 마음이 깨어 있으면 배가 피안의 세계에 도달할 것이다'라고 했다. 생각이 약간만 차이가 나도 결과는 이처럼 크게 달라지니 어찌 삼가지 않을 수 있겠는가?"라는 구절이 있다. 사람의 생각이 자신의 삶을 지옥으로 만들기도 하고, 혹은 천당으로 만들기도 한다는 뜻이다. 그야말로 일체유심조一切唯心造인 셈이다.

'달면 삼키고 쓰면 뱉는다'는 말이 있다. 세상의 인심을 표현한 말이다. 대부분의 사람들은 남들의 평가에 민감하게 반응한다. 그러나 남들이 나를 어떻게 생각하는지에 대해 가끔은 둔감할 필요도 있다. 왜냐하면, 사람들은 대부분 나의 내면을 보는 것이 아니라 사회적

지위나 외모, 학력이나 재산 같은 겉모습만을 가지고 나를 평가하기 때문이다. 나를 제대로 보고 올바르게 평가할 수 있는 사람은 세상에 나밖에 없을 수도 있다. 그러므로 중요한 것은 자신을 정확히 알고 자신에게 맞는 문제해결력을 기르는 것이다.

마음속에 욕심이 가득한 사람은 아무리 많은 재산을 갖고 있더라도 부족하다고 생각한다. 마음속에 불만이 가득한 사람은 넓고 좋은 집에 살아도 만족할 줄 모르고 오히려 좁다고 생각한다. 그러나 욕심이 없는 사람은 삼시세끼만 잘 챙겨먹어도 행복하다고 생각한다. 불만은커녕 매사에 감사가 넘치는 삶을 산다. 이런 사람에게 세상은 극락이요 천당인 것이다. 만족하며 살 것인지 불만으로 살 것인지, 천당에서 살 것인지 지옥에서 살 것인지는 결국 자신이 결정하는 것이다.

- 만족할 줄 알면 즐거울 수 있고, 탐욕에 힘쓰면 근심하게 된다.
- 만족할 줄 아는 사람은 가난하고 천해도 즐거우며, 만족할 줄 모르는 사람은 부하고 귀해도 근심한다.
- 지나친 생각은 단지 정신을 상하게 할 뿐이요, 망령된 행동은 도리어 재앙을 부른다.
- 만족할 줄 알아 늘 만족스러워 하면 종신토록 욕되지 않고, 그칠 줄을 알아 늘 그치면 종신토록 부끄러움이 없을 것이다.
- 가득 차면 덜어냄을 부르고 겸손하면 이익을 받는다.
- 분수에 편안하면 몸에 욕됨이 없을 것이요, 기미를 알면 마음이 저절로 한가할 것이니 비록 인간 세상에 살더라도 도리어 인간 세상을 벗어나는 것이다.

① 경행록운 지족가락 무탐즉우
景行錄云 知足可樂이요 務貪則憂니라.

『경행록景行錄』에서 말하였다. "만족할 줄 알면 즐거울 수 있고, 탐욕에 힘쓰면 근심하게 된다."

✓ 景: 클 경. 錄: 기록할 록. 足: 만족할 족. 樂: 즐거울 낙(락). 務: 힘쓸 무. 貪: 탐할 탐. 憂: 근심할 우.

② 지족자 빈천역락 부지족자
知足者는 貧賤亦樂이요 不知足者는
부귀역우
富貴亦憂니라.

만족할 줄 아는 사람은 가난하고 천해도 즐거우며, 만족할 줄 모르는 사람은 부富하고 귀貴해도 근심한다.

✓ 貧: 가난할 빈. 賤: 천할 천. 亦: 또 역. 富: 부유할 부. 貴: 귀할 귀.

남상 도상신 망동 반치화
濫想은 徒傷神이요 妄動은 反致禍니라.

3 지나친 생각은 단지 정신을 상하게 할 뿐이요, 망령된 행동은 도리어 재앙을 부른다.

✓ 濫: 넘칠 남(람). 想: 생각할 상. 徒: 한갓 도. 傷: 상할 상. 妄: 망령될 망. 反: 도리어 반. 致: 부를 치. 禍: 재앙 화.

4

지 족 상 족　　　종 신 불 욕

知足常足이면 終身不辱하고

지 지 상 지　　종 신 무 치

知止常止면 終身無恥니라.

만족할 줄 알아 늘 만족스러워 하면 종신토록 욕되지 않고, 그칠 줄을 알아 늘 그치면 종신토록 부끄러움이 없을 것이다.

✓ 常: 항상 상. 終: 마칠 종. 辱: 욕될 욕. 恥: 부끄러울 치.

5

서 왈　만 초 손　　　겸 수 익

書曰 滿招損하고 謙受益이니라.

『서경書經』에서 말하였다. "가득 차면 덜어냄을 부르고 겸손하면 이익을 받는다."

✓ 滿: 찰 만. 招: 부를 초. 損: 덜 손. 謙: 겸손할 겸. 受: 받을 수. 益: 이로울 익.

✓ 書經: 삼경三經(시詩·서書·역易) 혹은 오경五經(시詩·서書·역易·예기禮記·춘추春秋) 중 하나로서 요堯·순舜으로부터 주周나라에 이르는 성왕聖王들의 역사를 기록한 책. 공자가 정리했다고 전하는데, 송宋나라 채침蔡沉이 해설한 것을 서전書傳(20권 58편)이라고 한다.

| 해설 |

'滿招損 謙受益'은 『서경書經』「우서虞書 · 대우모大禹謨」에 있는 구절이다. 내용은 다음과 같다.

30일 동안을 묘苗의 백성이 명령을 거역하자, 익益이 우禹를 거들며 말하였다. "오직 덕만이 하늘을 감동시켜 멀어도 도달하지 않음이 없습니다. 자만하면 손해를 부르고 겸손하면 유익함을 얻으니 이것이 곧 천도天道입니다. 순舜임금이 처음 역산歷山에 계실 때, 밭에 가셔서 날마다 하늘과 부모께 울부짖으시며 죄를 짊어지고 사특함을 자신에게 돌리셨으며, 일을 신중히 하며 고수瞽瞍를 뵙되 공경하고 두려워하니, 고수 역시 진실해지고 순해졌습니다. 정성이 지극하면 귀신도 감동하는데, 하물며 이 묘족정도이겠습니까?" 우가 훌륭한 말에 절하며 "그렇구나!"라고 말하고 군대를 되돌려 거두었다. 순임금이 크게 문덕文德을 펴시어 간干과 우羽를 섬돌 아래에서 춤추게 하자, 70일 만에 묘족이 순종하게 되었다.(三旬을 苗民이 逆命이어늘 益이 贊于禹曰 惟德은 動天이라 無遠弗屆하나니 滿招損하고 謙受益이 時乃天道니이다 帝初于歷山에 往于田하사 日號泣于旻天과 于父母하사 負罪引慝하사 祗載見瞽瞍하시되 夔夔齊慄하신내 瞽亦允若하니 至誠은 感神이온 矧茲有苗리이까 禹拜昌言曰 兪라 班師振旅어늘 帝乃誕敷文德하사 舞干羽于兩階러니 七旬에 有苗格하니라)

안 분 음 왈　안 분 신 무 욕
安分吟曰 安分身無辱이요
지 기 심 자 한　　수 거 인 세 상
知幾心自閑이니 雖居人世上이나
각 시 출 인 간
却是出人間이니라.

6

『안분음安分吟』에서 말하였다. "분수에 편안하면 몸에 욕됨이 없을 것이요, 기미를 알면 마음이 저절로 한가할 것이니 비록 인간 세상에 살더라도 도리어 인간 세상을 벗어나는 것이다."

✓ 吟: 읊을 음. 幾: 기미 기. 閑: 한가할 한. 却: 도리어 각.
✓ 安分吟: 송宋나라 때의 안분시安分詩(자신의 편안함을 읊조리는 시)로서 저자가 누구인지 명확히 알 수 없다. 청주본淸州本 『명심보감』에는 안분음安分吟이 아니라 격양시擊壤詩(풍년을 기뻐하며 지은 시)로 되어 있다.

자 왈　부 재 기 위　　불 모 기 정
子曰 不在其位하여는 不謀其政이니라.

7

공자가 말하였다. "그 지위에 있지 않으면, 그 정사政事를 도모하지 않는 것이다."

✓ 位: 자리 위. 謨: 도모할 모. 政: 정사 정.

| 해설 |

이 구절은 『논어論語』「태백泰伯」편에 있는 내용과 같다.

7 존심편存心篇

마음을 보존하는 글

내용요약

•

'존심편'은 '마음을 보존하는 글(총 20장)'을 모아두었다. 『대학大學』에 보면, "만물은 근본根本과 말단末端이 있고 모든 일에는 마침과 시작이 있으니, 먼저 할 것과 나중에 할 것을 알면 도道에 가까울 것이다.(經一章: 物有本末, 事有終始, 知所先後, 則近道矣.)"라는 구절이 있다. '세상만사는 중요한 것의 순서가 있고 시작과 끝이 있다'는 말이다. 우리가 생활에서 직면하는 많은 일 중에 과연 무엇이 중요하고 무엇이 근본적인 문제인지를 잘 분별하는 것이 바로 진리[道]를 깨달은 사람이라는 뜻이다.

공자는 "남이 알아주지 않아도 성내지 않는 사람이 군자가 아니겠는가?(『論語』·「學而」: 人不知而不慍, 不亦君子乎.)"라고 말한다. 남들이 나의 장점을 인정해주지 않거나 설령 무시한다 해도 그것으로 인해 화내거나 근심하지 않는 것이 진정한 군자라는 말이다. 나의 능력을 남들이 제대로 평가해주지 않는 것은 매우 속상하고 답답한 일이다. 내가 스스로 자랑스러워하는 장점이라면 더욱 그렇다. 그러나 이렇게 생각해 보자. 남들이 나를 인정해 주지 않더라도 나의 장점과 능력이 없어지는 것은 아니다. 또한 지금 알아주지 않는다 하더라도 나의 능력이 정말 가치 있는 것이라면 언젠가는 인정받을 날이 올 것이다. 결국 중요한 것은 남들에게 인정을 받느냐 받지 못하느냐가 아니라 나의 능력이 진정으로 가치 있는 것인가이다. 이것을 진정으로 깨달은 사람이라면 지금 당장 남들이 자신을 알아주지 않는다 하더라도 그것으로 인해 마음이 동요되지 않을 것이다. 남들의 인정에 얽매이지 않고 좀 더 장기적인 안목을 갖춘 이런 사람을 공자는 군자라고 했다.

• 밀실에 앉아있어도 마치 네거리에 있는 것처럼 생각하고, 작은 마음 제어하기를 마치 여섯 필의 말을 부리듯 하면 허물을 면할 수 있다.
• 사람이 비록 어리석을지라도 남을 꾸짖는 데엔 밝고, 비록 총명함이 있다 해도 자기를 용서하는 데엔 어둡다. 너희들은 항상 남을 꾸짖는 마음으로써 자기를 꾸짖고, 자기를 용서하는 마음으로써 남을 용서한다면, 성현의 경지에 이르지 못함을 근심할 것이 없다.
• 박하게 베풀고 후하게 바라는 사람에게는 보답하지 않고, 몸이 귀하게 되어 천했던 때를 잊는 자는 오래가지 못한다.
• 은혜를 베풀었다면 보답을 구하지 말고, 남에게 주었거든 후회하지 밀라.
• 담력은 크고자 하되 마음가짐은 섬세하고자 하고, 지혜는 원만하고자 하되 행동은 방정하고자 하라.

• 입을 지키는 것을 병과 같이 하고, 사사로운 뜻을 막는 것을 성을 지키는 것처럼 하라.

• 사람은 백 살을 사는 사람이 없건만 헛되이 천 년의 계획을 세운다.

• 차라리 아무 사고 없이 집이 가난할지언정 사고가 있으면서 집이 부유하지 말 것이요, 차라리 사고 없이 초가집에서 살지언정 사고가 있으면서 좋은 집에 살지 말 것이요, 차라리 병이 없이 거친 밥을 먹을지언정 병이 있어 좋은 약을 먹지 말 것이다.

• 마음이 안정되면 초가집도 편안하고, 성품이 안정되면 나물국도 향기롭다.

• 남을 꾸짖는 자는 사귐을 온전히 할 수 없고, 자기를 용서하는 사람은 허물을 고치지 못한다.

• 아침 일찍 일어나고 밤늦게 자서 충성과 효도를 생각하는 사람은 남이 알아주지 않더라도 하늘이 반드시 알아줄 것이요, 배부르게 먹고 따뜻하게 입어 안락하게 제 몸만 보호하는 자는 몸은 비록 편안하겠지만 그 자손은 어떻게 할 것인가?

• 아내와 자식을 사랑하는 마음으로써 어버이를 섬긴다면 그 효도가 극진할 것이요, 부귀를 보전하려는 마음으로 임금을 받든다면 어느 곳에 간들 충성하지 않음이 없을 것이요, 남을 책망하는 마음으로 자기를 책망하면 허물을 적게 만들 것이요, 자기를 용서하는 마음으로 남을 용서한다면 사귐을 온전히 할 것이다.

1

경행록운 좌밀실 여통구
景行錄云 坐密室을 如通衢하고

어촌심 여육마 가면과
馭寸心을 如六馬면 可免過니라.

『경행록景行錄』에서 말하였다. "밀실密室에 앉아있어도 마치 네거리에 있는 것처럼 생각하고, 작은 마음 제어制御하기를 마치 여섯 필의 말을 부리듯 하면 허물을 면할 수 있다."

✓ 坐: 앉을 좌. 密: 조용할 밀. 室: 집 실. 通: 통할 통. 衢: 네거리 구. 馭: 말부릴 어. 免: 면할 면. 過: 허물 과.

✓ 通衢: 사방四方으로 통한 큰 길이라서 사람들이 편리하게 왕래往來하는 네거리.

✓ 六馬: 천자天子가 타는 수레를 끄는 여섯 마리의 말. 여섯 마리 말이란 뜻에서 '매우 빠른 수레'를 비유하는 말로 사용된다

2

격양시운 부귀 여장지력구
擊壤詩云 富貴를 如將智力求인대

중니 년소합봉후 세인
仲尼도 年少合封侯라 世人은

불해청천의 공사신심반야수
不解青天意하고 空使身心半夜愁니라.

『격양시擊壤詩』에서 말하였다. "부귀를 만약 지혜와 힘으로 구할 수 있다면, 중니仲尼도 젊은 나이에 제후에 봉해졌을 것이

다. 세상 사람들은 푸른 하늘의 뜻을 알지 못하고, 부질없이 몸과 마음으로 하여금 한밤중까지 근심하게 한다."

✓ 擊: 부딪칠 격. 壤: 흙 양. 詩: 시 시. 富: 부유할 부. 貴: 귀할 귀. 如: 만약 여. 將: 장차 장. 仲: 가운데 중. 尼: 산 이름 니. 封: 봉할 봉. 侯: 제후 후. 解: 풀 해. 意: 뜻 의. 空: 부질없을 공. 使: 하여금 사. 夜: 밤 야. 愁: 근심 수.

✓ 仲尼: 공자孔子(B.C.551–479)의 자字. 〈1–1〉 참조.

✓ 擊壤: 배불리 먹은 뒤 '배를 두드리고(고복鼓腹) 땅을 치다(격양擊壤)'는 고복격양이란 말에서 유래한 말로서 요순堯舜시대와 같은 좋은 시절 혹은 태평성대太平聖代를 비유하는 말로 사용된다. 격양은 '흙으로 만든 악기를 쳐서 연주하는 일'이다.

범충선공 계자제왈 인수지우
范忠宣公이 戒子弟曰 人雖至愚나

책인즉명 수유총명
責人則明하고 雖有聰明이나

서기즉혼 이조 단상이책인지심
恕己則昏이니 爾曹는 但常以責人之心으로

책기 서기지심 서인
責己하고 恕己之心으로 恕人이면

즉불환불도성현지위야
則不患不到聖賢地位也니라.

3

범충선공范忠宣公이 자제를 경계하여 말하였다. "사람이 비록 어리석을지라도 남을 꾸짖는 데엔 밝고, 비록 총명함이 있다 해도 자기를 용서하는 데엔 어둡다. 너희들은 항상 남을 꾸짖는 마음으로써 자기를 꾸짖고, 자기를 용서하는 마음으로써 남을 용서한다면, 성현의 경지에 이르지 못함을 근심할 것이 없다."

✓ 范: 풀이름 범. 宣: 베풀 선. 戒: 경계할 계. 雖: 비록 수. 至: 지극할 지. 愚: 어리석을 우. 責: 꾸짖을 책. 聰: 귀 밝을 총. 恕: 용서할 서. 昏: 어두울 혼. 爾: 너 이. 曹: 무리 조. 但: 다만 단. 常: 항상 상. 恕: 용서할 서. 患: 근심 환. 到: 이를 도. 聖: 성인 성. 賢: 어질 현.

✓ 范忠宣公: 중국 북송北宋 시기 재상宰相으로서 범중엄范仲淹(989-1052: 송학宋學의 선구자 중 한 사람으로서 북송의 대표적 정치가 · 문학자)의 둘째 아들이며, 이름은 순인純仁이며, 시호는 충선忠宣이다.

| 해설 |

이 구절은 『소학小學』 「가언嘉言」 편에 있는 내용과 같다. 출전은 『송명신언행록宋名臣言行錄』이다.

자왈 총명사예 수지이우

子曰 聰明思睿라도 守之以愚하고

공피천하 수지이양

功被天下라도 守之以讓하고

용력진세 수지이겁

勇力振世라도 守之以怯하고

부유사해 수지이겸

富有四海라도 守之以謙이니라.

4

공자孔子가 말하였다. "총명하고 생각이 밝더라도 어리석음으로 지키고, 공功이 천하를 덮을 만하더라도 겸양으로 지키고, 용맹이 세상에 떨칠지라도 겁냄으로써 지키고, 부유하기가 온 세상을 차지할 정도라도 겸손으로써 지켜야 한다."

✓ 睿: 밝을 예. 守: 지킬 수. 功: 공 공. 被: 도달할 피. 讓: 사양할 양. 勇: 용기 용. 振: 떨칠 진. 怯: 겁낼 겁. 謙: 겸손할 겸.

소서운 박시후망자 불보
素書云 薄施厚望者는 不報하고
귀이망천자 불구
貴而忘賤者는 不久니라.

5

『소서素書』에서 말하였다. "박하게 베풀고 후하게 바라는 사람에게는 보답하지 않고, 몸이 귀하게 되어 천했던 때를 잊는 자는 오래가지 못한다."

✓ 素: 흴 소. 薄: 엷을 박. 施: 베풀 시. 厚: 두터울 후. 望: 바랄 망. 報: 갚을 보. 忘: 잊을 망. 賤: 천할 천. 久: 오랠 구.

✓ 素書: 한漢나라 때의 황석공黃石公이 지은 책으로서 송宋나라의 장상영張商英이 주注를 붙였다.

시 은 물 구 보
施恩이어든 勿求報하고
여 인 물 추 회
與人이어든 勿追悔하라.

6

은혜를 베풀었다면 보답을 구하지 말고, 남에게 주었거든 후회하지 말라.

✓ 恩: 은혜 은. 勿: 말 물. 與: 줄 여. 追: 쫓을 추. 悔: 후회할 회.

손 사 막 왈 담 욕 대 이 심 욕 소
孫思邈曰 膽欲大而心欲小하고
지 욕 원 이 행 욕 방
知欲圓而行欲方이니라.

7

손사막孫思邈이 말하였다. "담력은 크고자 하되 마음가짐은 섬세하고자 하고, 지혜는 원만하고자 하되 행동은 방정方正하고자 하라."

✓ 孫: 손자 손. 邈: 멀 막. 膽: 담대할 담. 欲: 하고자할 욕. 圓: 둥글 원.

✓ 孫思邈(581-682): 당唐나라 때 명의名醫로서 신선사상神仙思想에 많은 관심을 가지고 있었으며, 당태종이 부름을 받았으나 은둔하였다. 서서로는 『천금방千金方』 93권이 있다. 〈5-10〉 참조.

| 해설 |

이 구절은 『소학小學』「가언嘉言」편에 있는 내용과 같다. 출전은 『당서唐書』「은일열전隱逸列傳」이다.

염 염 요 여 임 전 일
念念要如臨戰日하고
심 심 상 사 과 교 시
心心常似過橋時니라. 8

생각마다 싸움터에 나가는 날에 임하듯이 하고, 마음마다 항상 다리를 건널 때와 같이 해야 한다.

✓ 念: 생각할 염(념). 要: 구할 요. 如: 같을 여. 臨: 임할 임. 戰: 싸울 전. 似: 같을 사. 過: 지날 과. 橋: 다리 교.

구 법 조 조 락 기 공 일 일 우
懼法朝朝樂이요 欺公日日憂니라. 9

법을 두려워하면 매일 아침이 즐거울 것이요, 공적公的인 일을 속이면 날마다 근심한다.

✓ 懼: 두려워할 구. 朝: 아침 조. 欺: 속일 기. 憂: 근심할 우.

10
주 문 공 왈 수 구 여 병 방 의 여 성
朱文公曰 守口如甁하고 防意如城하라.

주문공朱文公이 말하였다. "입을 지키는 것을 병과 같이 하고, 사사로운 뜻을 막는 것을 성을 지키는 것처럼 하라."

✓朱: 붉을 주. 甁: 병 병. 防: 막을 방. 城: 성 성.

✓朱文公(1130-1200): 남송南宋 때의 대학자大學者인 주희朱熹로서 자字는 원회元晦·중회仲晦이며, 호號는 회암晦庵, 시호諡號는 문공文公. 『소학小學』·『근사록近思錄』·『사서집주四書集註』 등을 저술했다.

11
심 불 부 인 면 무 참 색
心不負人이면 面無慙色이니라.

마음이 남을 저버리지 않았으면 얼굴에 부끄러운 빛이 없다.

✓負: 질 부. 慙: 부끄러울 참.

12
인 무 백 세 인 왕 작 천 년 계
人無百歲人이나 枉作千年計니라.

사람은 백 살을 사는 사람이 없건만 헛되이 천 년의 계획을 세운다.

✓ 歲: 해 세. 枉: 굽을 왕. 計 : 꾀 계.

구 래 공 육 회 명 운 관 행 사 곡 실 시 회
寇萊公六悔銘云 官行私曲失時悔요

부 불 검 용 빈 시 회 예 불 소 학 과 시 회
富不儉用貧時悔요 藝不少學過時悔요

견 사 불 학 용 시 회 취 후 광 언 성 시 회
見事不學用時悔요 醉後狂言醒時悔요

안 부 장 식 병 시 회
安不將息病時悔니라.

13

『구래공육회명寇萊公六悔銘』에서 말하였다. "관원은 사사롭고 굽은 일을 행하면 벼슬을 잃을 때 후회하고, 부자는 검소하지 않으면 가난해졌을 때 후회하고, 재주는 어렸을 때 배우지 않으면 시기가 지났을 때 후회하고, 일을 보고 배우지 않으면 필요할 때 후회하고, 취한 뒤에 함부로 말하면 술이 깨었을 때 후회하고, 편안할 때 쉬지 않으면 병이 들었을 때 후회할 것이다."

✓ 寇: 도둑 구. 萊: 쑥 내(래). 銘: 새길 명. 官: 벼슬 관. 私: 사사로울 사. 曲: 굽을 곡. 失: 잃을 실. 儉: 검소할 검. 貧: 가난할 빈. 藝: 재주 예. 醉: 취할 취. 狂: 미칠 광. 醒: 술 깰 성. 將: 기를 장. 息: 쉴 식. 病: 병 병.

✓ 寇萊公(961-1023): 중국 북송北宋의 정치가로서 이름은 준準, 자字는 평중平仲, 시호諡號는 충민忠愍이며, 내국공萊國公에 봉封해져서 흔히 '구래공'으로 불린다.

✓ 六悔銘: 6가지 후회後悔할 만한 일을 경계警戒하는 글.

익 지 서 운 영 무 사 이 가 빈
益智書云 寧無事而家貧이언정
막 유 사 이 가 부 영 무 사 이 주 모 옥
莫有事而家富요 寧無事而住茅屋이언정
불 유 사 이 주 금 옥 영 무 병 이 식 추 반
不有事而住金屋이요 寧無病而食麤飯이언정
불 유 병 이 복 량 약
不有病而服良藥이니라.

14

『익지서益智書』에서 말하였다. "차라리 아무 사고事故 없이 집이 가난할지언정 사고가 있으면서 집이 부유하지 말 것이요, 차라리 사고 없이 초가집에서 살지언정 사고가 있으면서 좋은 집에 살지 말 것이요, 차라리 병이 없이 거친 밥을 먹을지언정 병이 있어 좋은 약을 먹지 말 것이다."

✓ 益: 더할 익. 智: 슬기 지. 寧: 차라리 영(령). 莫: 말 막. 住: 살 주. 茅: 띠 모. 屋: 집 옥. 麤: 거칠 추. 飯: 밥 반. 服: 먹을 복. 良: 좋을 양(량). 藥: 약 약.
✓ 益智書: 송나라 때에 만들어진 책으로 전해지고 있으나, 정확한 기록은 없다. 〈2-4〉 참조.

심 안 모 옥 온 성 정 채 갱 향
心安茅屋穩이요 性定菜羹香이니라.

15

마음이 안정되면 초가집도 편안하고, 성품이 안정되면 나물국도 향기롭다.

✓穩: 평온할 온. 性: 성품 성. 定: 정할 정. 菜: 나물 채. 羹: 국 갱. 香: 향기 향.

경 행 록 운　책 인 자　불 전 교
景行錄云 責人者는 不全交요
자 서 자　불 개 과
自恕者는 不改過니라. 16

『경행록』에서 말하였다. "남을 꾸짖는 자는 사귐을 온전히 할 수 없고, 자기를 용서하는 사람은 허물을 고치지 못한다."

✓全: 온전할 전. 改: 고칠 개.

숙 흥 야 매　소 사 충 효 자　인 불 지
夙興夜寐하여 所思忠孝者는 人不知나
천 필 지 지　포 식 난 의　이 연 자 위 자
天必知之요 飽食煖衣하여 怡然自衛者는
신 수 안　기 여 자 손　하
身雖安이나 其如子孫에 何오. 17

아침 일찍 일어나고 밤늦게 자서 충성과 효도를 생각하는 사람은 남이 알아주지 않더라도 하늘이 반드시 알아줄 것이요, 배부르게 먹고 따뜻하게 입어 안락하게 제 몸만 보호하는 자는 몸은 비록 편안하겠지만 그 자손은 어떻게 할 것인가?

✓ 夙: 일찍 숙. 興: 일어날 흥. 寐: 잠잘 매. 飽: 배부를 포. 煖: 따뜻할 난. 怡: 기쁠 이. 然: 그럴 연. 衛: 지킬 위. 孫: 손자 손.

18

이 애 처 자 지 심　　사 친
以愛妻子之心으로 事親이면

즉 곡 진 기 효　이 보 부 귀 지 심　봉 군
則曲盡其孝요 以保富貴之心으로 奉君이면

즉 무 왕 불 충　이 책 인 지 심
則無往不忠이요 以責人之心으로

책 기　즉 과 과
責己면 則寡過요

이 서 기 지 심　서 인　즉 전 교
以恕己之心으로 恕人이면 則全交니라.

아내와 자식을 사랑하는 마음으로써 어버이를 섬긴다면 그 효도가 극진할 것이요, 부귀를 보전하려는 마음으로 임금을 받든다면 어느 곳에 간들 충성하지 않음이 없을 것이요, 남을 책망하는 마음으로 자기를 책망하면 허물을 적게 만들 것이요, 자기를 용서하는 마음으로 남을 용서한다면 사귐을 온전히 할 것이다.

✓ 愛: 사랑할 애. 妻: 아내 처. 事: 섬길 사. 親: 부모 친. 曲: 자세할 곡. 盡: 다할 진. 保: 지킬 보. 奉: 받들 봉. 往: 갈 왕. 寡: 적을 과. 過: 허물 과. 恕: 용서할 서.

이모부장　　　회지하급
爾謀不臧이면 悔之何及이며

이견부장　　　교지하익
爾見不長이면 敎之何益이리오

이심전즉배도　사의확즉멸공
利心專則背道요 私意確則滅公이니라.

19

너의 꾀가 좋지 못하면 후회한들 어찌 미치겠으며, 너의 소견이 좋지 못하면 가르친들 무엇이 이로우리요? 자기 이익만 생각하면 도道에 위배되고, 사사로운 뜻이 확고하면 공公을 망치게 된다.

✓ 爾: 너 이. 臧: 착할 장. 何: 어디 하. 及: 미칠 급. 專: 오로지 전. 背: 등질 배. 確: 굳을 확. 滅: 멸망할 멸.

생사사생　　　성사사성
生事事生이요 省事事省이니라.

20

일을 만들면 일이 생기고, 일을 덜면 일이 줄어든다.

✓ 事: 일 사. 省: 줄일 생.

8 계성편戒性篇

성품性品을 경계警戒하는 글

내용요약

•

'계성편'은 '성품을 경계하는 글(총 10장)'을 모아두었다. 송나라 유학자 왕신민汪信民은 "사람이 항상 나물 뿌리를 씹어 먹으려고 한다면, 모든 일을 할 수 있을 것이다.(『小學』·「善行」: 人常咬得菜根, 則百事可做.)"라고 말했다. '나물 뿌리를 씹어 먹는다'는 것은 가난하여 '나물로 끼니를 때우는' 것을 은유적으로 표현한 말이다. 이 구절에 대해 주자朱子는 "배우는 자는 항상 '뜻있는 선비는 옳은 일을 하다가 죽어서 제대로 장례를 치르지 못하고, 자기의 시신마저 도랑이나 골짜기에 버려진다 하더라도 그것을 후회하거나 걱정하지 않는다'는 맹자의 말을 항상 생각해야 한다. 만약 선비로서 이런 마음을 갖는다면, 도리와 의리를 무엇보다 중요하게 생각하여 사람이 죽고 사는 것을 계산하거나 두려워하지 않을 수 있다. 그러므로 옷과 밥 같은 작은 것에 구애되어 자신의 뜻을 쉽고 잃지 않을 것이니, 하물며 의리를 저버리고 분수를 어기면서까지 물질적인 이익에 빠지겠는가? 내가 생각하건대, 지금 사람들은 고생하며 나물 뿌리를 씹으려고 마음먹지 않기 때문에 결국 자신의 뜻을 잃게 되는 자가 많은 듯하다. 어찌 경계하지 않을 수 있겠는가!"라고 설명한다. 결국 어떤 마음을 먹느냐에 따라 어려움들을 대처할 수 있는 힘이 생긴다는 말이다.

만일 우리의 하루하루가 힘들다면 그것은 우리가 높은 곳을 오르고 있기 때문일 것이다. 반대로 하루하루가 너무나 편안하다면 혹시 내리막길을 걷고 있는 지도 모른다. 왜냐하면 인생의 긴 여정에서 때때로 걷기 쉬운 평평한 길을 만나는 경우가 있지만 계속해서 평지만을 걷는 인생은 없기 때문이다. 『채근담菜根譚』에는 "입에서 즐거움을 주는 맛은 모두 내 몸의 장기와 뼈를 상하게 하는 독약이니 반만 줄이면 재앙이 없을 것이요, 마음을 유쾌하게 하는 일은 모두 내 몸과 덕을 망치게 하는 것이니 반만이라도 줄이면 후회가 없을 것이다.(「前集」-104: 爽口之味, 皆爛腸腐骨之藥, 五分便無殃, 快心之事, 悉敗身喪德之媒, 五分便無悔.)"라는 구절이 있다. 기쁘고 즐거운 일은 그 자체로 좋은 것이지만 그것에 도취되어 자칫 나태하거나 거만해 진다면 결국 후회할 일이 생기고 말 것이다. 마찬가지로 나를 칭찬하는 말을 듣는 것 자체가 나쁜 것은 아니다. 그러나 남들의 칭찬에 익숙해지면 자신도 모르게 내면을 돌아보고 부족한 것을 수양하는 데에 소홀해지기 쉽다. 더욱이 칭찬으로 인해 자칫 교만해 질수도 있다. 이 때문에 나를 칭찬해 주는 말을 경계하고 조심해야 하는 것이다.

- 사람의 성품은 물과 같아서 물이 한 번 엎어지면 회복할 수 없고 성품이 한 번 방종해지면 돌이킬 수 없을 것이니, 물을 제어하는 것은 반드시 제방으로써 하고 성품을 제어하는 것은 반드시 예법으로써 해야 한다.

- 한 때의 분노를 참으면 백일의 근심을 면한다.
- 참을 수 있으면 또한 참고, 경계할 수 있으면 또한 경계하라. 참지 않고 경계하지 않으면 작은 일이 크게 된다.
- 어리석고 흐릿한 자가 화를 내는 것은 모두 이치를 알지 못하기 때문이다. 마음 위에 분노를 더하지 말고 다만 귓전을 스치는 바람결로 여겨라. 장점과 단점은 집집마다 있고 따뜻하고 싸늘한 것은 곳곳마다 같다. 시비란 실상이 없어서 마침내는 모두가 헛것이 된다.
- 모든 행실의 근본은 참는 것이 으뜸이 된다. …… 천자가 참으면 나라에 해가 없고, 제후가 참으면 그 큰 업적을 이루며, 관리가 참으면 그 지위를 올리고, 형제들이 참으면 집안이 부귀해지고, 부부가 참으면 그 일생을 해로하고, 친구끼리 참으면 이름이 없어지지 않고, 자신이 참으면 재앙이 없다.
- 자기를 굽히는 자는 중요한 지위에 처할 수 있고, 이기는 것을 좋아하는 사람은 반드시 적을 만난다.
- 내가 만약 남에게 욕설을 듣더라도 귀먹은 체하여 시비를 가리려 하지 마라. 비유하면, 불이 허공에서 타다가 끄지 않아도 저절로 꺼지는 것과 같다. 내 마음은 허공과 같거늘 너의 입술과 혀만 나불거리는 것이다.
- 모든 일에 인정을 남기면 훗날 좋게 서로 보게 된다.

경 행 록 운 인 성 여 수
景行錄云 人性이 如水하여

수 일 경 즉 불 가 복
水一傾則不可復이요

성 일 종 즉 불 가 반 제 수 자
性一縱則不可反이니 制水者는

필 이 제 방 제 성 자 필 이 예 법
必以堤防하고 制性者는 必以禮法이라.

①

『경행록景行錄』에서 말하였다. "사람의 성품性品은 물과 같아서 물이 한 번 엎어지면 회복할 수 없고 성품이 한 번 방종放縱해지면 돌이킬 수 없을 것이니, 물을 제어制御하는 것은 반드시 제방堤防으로써 하고 성품을 제어하는 것은 반드시 예법禮法으로써 해야 한다."

✓ 性: 성품 성. 如: 같을 여. 傾: 기울 경. 復: 회복할 복. 縱: 방종할 종. 反: 돌이킬 반. 制: 제어할 제. 堤: 둑 제. 防: 둑 방. 禮: 예절 예(례).

인 일 시 지 분 면 백 일 지 우
忍一時之忿이면 免百日之憂니라.

②

한 때의 분함을 참으면 백일의 근심을 면한다.

✓ 忍: 참을 인. 忿: 성낼 분. 免: 면할 면. 憂: 근심할 우.

3

득 인 차 인 득 계 차 계

得忍且忍이요 得戒且戒하라

불 인 불 계 소 사 성 대

不忍不戒면 小事成大니라.

참을 수 있으면 또한 참고, 경계警戒할 수 있으면 또한 경계하라. 참지 않고 경계하지 않으면 작은 일이 크게 된다.

✓得: 능할 득. 且: 또 차. 忍: 참을 인. 戒: 경계할 계.

4

우 탁 생 진 노 개 인 리 불 통

愚濁生嗔怒는 皆因理不通이라

휴 첨 심 상 화 지 작 이 변 풍

休添心上火하고 只作耳邊風하라

장 단 가 가 유 염 량 처 처 동

長短은 家家有요 炎涼은 處處同이라

시 비 무 실 상 구 경 총 성 공

是非無實相하여 究竟摠成空이니라.

어리석고 흐릿한 자가 화를 내는 것은 모두 이치理致를 알지 못하기 때문이다. 마음 위에 분노를 더하지 말고 다만 귓전을 스치는 바람결로 여겨라. 장점長點과 단점短點은 집집마다 있고 따뜻하고 싸늘한 것은 곳곳마다 같다. 시비是非란 실상實相이 없어서 마침내는 모두가 헛것이 된다.

✓ 愚: 어리석을 우. 濁: 흐릴 탁. 嗔: 성낼 진. 怒: 성낼 노. 皆: 모두 개. 因: 인할 인. 理: 이치 리. 通: 통할 통. 休: 말 휴. 添: 더할 첨. 只: 다만 지. 作: 만들 작. 邊: 가 변. 風: 바람 풍. 炎: 불탈 염. 涼: 서늘할 양(량). 處: 곳 처. 是: 옳을 시. 非: 그를 비. 相: 모양 상. 究: 다할 구. 竟: 마침내 경. 摠: 모두 총. 成: 이룰 성. 空: 빌 공.

자장 욕행 사어부자 원사일언
子張이 欲行에 辭於夫子할새 願賜一言
위수신지미 자왈 백행지본
爲修身之美하노이다 子曰 百行之本이
인지위상 자장왈 하위인지
忍之爲上이니라 子張曰 何爲忍之닛고
자왈 천자인지 국무해 제후인지
子曰 天子忍之면 國無害하고 諸侯忍之면
성기대 관리인지 진기위
成其大하고 官吏忍之면 進其位하고
형제인지 가부귀 부처인지
兄弟忍之면 家富貴하고 夫妻忍之면
종기세 붕우인지 명불폐
終其世하고 朋友忍之면 名不廢하고
자신인지 무화해
自身忍之면 無禍害니라.

5

자장子張이 떠나고자 함에 부자夫子에게 하직인사하며 "몸을 수양하는 데 좋은 방법이 될 만한 한 마디 말씀을 내려 주시기를 바랍니다." 하자, 공자孔子가 말하였다. "모든 행실의 근본은 참는 것이 으뜸이 된다." 자장子張이 말하기를, "참으면 어떻게 됩니까?" 하자, 공자가 말하였다. "천자天子가 참으면 나라에 해害가 없고, 제후諸侯가 참으면 그 큰 업적을 이루며, 관리官吏가 참으면 그 지위를 올리고, 형제들이 참으면 집안이 부귀富貴해지고, 부부가 참으면 그 일생을 해로偕老하고, 친구끼리 참으면 이름이 없어지지 않고, 자신이 참으면 재앙災殃이 없다."

✓ 張: 베풀 장. 欲: 하고자할 욕. 辭: 하직할 사. 願: 원할 원. 賜: 내려줄 사. 修: 닦을 수. 美: 아름다울 미. 害: 해칠 해. 諸: 여러 제. 侯: 제후 후. 官: 벼슬 관. 吏: 벼슬아치 이(리). 進: 나아갈 진. 終: 마칠 종. 朋: 벗 붕. 廢: 폐할 폐. 禍: 재앙 화.

✓ 子張: 공자孔子의 제자로서 성姓은 전손顓孫, 이름은 사師, 자는 자장子張.

✓ 夫子: 공자의 존칭尊稱. 일반적으로 '스승님' 혹은 '선생님'의 뜻.

자장왈 불인즉여하
子張曰 不忍則如何닛고

자왈 천자불인 국공허
子曰 天子不忍이면 國空虛하고

제후불인 상기구 관리불인
諸侯不忍이면 喪其軀하고 官吏不忍이면

형법주 형제불인 각분거
刑法誅하고 兄弟不忍이면 各分居하고

부처불인 영자고 붕우불인
夫妻不忍이면 令子孤하고 朋友不忍이면

정의소 자신불인 환부제
情意疎하고 自身不忍이면 患不除니라

자장왈 선재선재 난인난인
子張曰 善哉善哉라 難忍難忍이여

비 인 불 인　　　불 인 비 인

非人不忍이요 不忍非人이로다.

6

자장이 말하였다. "참지 않으면 어떻게 됩니까?" 공자가 말하였다. "천자天子가 참지 않으면 나라가 공허空虛하게 되고, 제후諸侯가 참지 않으면 그 몸을 잃고, 벼슬아치가 참지 않으면 형법에 의해 죽게 되고, 형제가 참지 않으면 각각 헤어져서 따로 살게 되고, 부부가 참지 않으면 자식이 외롭게 되고, 친구끼리 참지 않으면 우정이 깨지고, 자신이 참지 않으면 근심이 없어지지 않는다." 자장이 말하였다. "좋은 말씀이로다. 좋은 말씀이로다. 참는 것이 어렵군요, 참는 것이 어렵군요. 사람이 아니면 참지 못할 것이요, 참지 못하면 사람이 아닙니다."

✓ 空: 빌 공. 虛: 빌 허. 喪: 잃을 상. 軀: 몸 구. 刑: 형벌 형. 誅: 벨 주. 各: 제각기 각. 居: 살 거. 令: 하여금 령(영). 孤: 외로울 고. 情: 뜻 정. 意: 뜻 의. 疎: 성글 소. 患: 근심 환. 除: 제거할 제. 哉: 어조사 재. 難: 어려울 난.

경 행 록 운　굴 기 자　　능 처 중

景行錄云 屈己者는 能處重하고

호 승 자　　필 우 적

好勝者는 必遇敵이니라.

7

『경행록』에서 말하였다. "자기를 굽히는 자는 중요重要한 지위

地位에 처할 수 있고, 이기는 것을 좋아하는 사람은 반드시 적敵을 만난다."

✓ 屈: 굽힐 굴. 重: 중요할 중. 勝: 이길 승. 遇: 만날 우. 敵: 적 적.

惡人이 罵善人커든 善人은 摠不對하라
不對는 心淸閑이요 罵者는 口熱沸니라
正如人唾天하여 還從己身墜니라.

8

악한 사람이 착한 사람을 꾸짖거든 착한 사람은 모두 대꾸하지 마라. 대꾸하지 않는 사람은 마음이 맑고 한가롭지만, 꾸짖는 자는 입에 불이 붙은 것처럼 뜨겁게 끓는다. 정말로 마치 사람이 하늘에 침을 뱉으면 도로 자기 몸에 떨어지는 것과 같을 것이다.

✓ 惡: 악할 악. 罵: 욕할 매. 摠: 모두 총. 對: 대답할 대. 閑: 한가로울 한. 熱: 뜨거울 열. 沸: 끓을 비. 正: 진실로 정. 唾: 뱉을 타. 還: 도리어 환. 從: 따를 종. 墜: 떨어질 추.

아 약 피 인 매　　　양 롱 불 분 설
我若被人罵라도 佯聾不分說하라
비 여 화 소 공　　　불 구 자 연 멸　　　아 심
譬如火燒空하여 不救自然滅이라 我心은
등 허 공　　　총 이 번 순 설
等虛空이어늘 摠爾飜脣舌이니라. 9

내가 만약 남에게 욕설을 듣더라도 귀먹은 체하여 시비를 가리려 하지 마라. 비유하면, 불이 허공虛空에서 타다가 끄지 않아도 저절로 꺼지는 것과 같다. 내 마음은 허공과 같거늘 너의 입술과 혀만 나불거리는 것이다.

✓ 若: 만약 약. 被: 입을 피. 佯: 거짓 양. 聾: 귀머거리 농(롱). 說: 말할 설. 譬: 비유할 비. 燒: 불탈 소. 救: 구제할 구. 滅: 멸할 멸. 等: 같을 등. 爾: 너 이. 飜: 뒤집힐 번. 脣: 입술 순. 舌: 혀 설.

범 사　　　유 인 정　　　후 래
凡事에 留人情이면 後來에
호 상 견
好相見이니라. 10

모든 일에 인정人情을 남기면 훗날 좋게 서로 보게 된다.

✓ 凡: 모두 범. 留: 남길 유(류). 後: 뒤 후. 相: 서로 상.

9 근학편勤學篇

부지런히 공부工夫하는 글

내용요약

•

'근학편'은 '부지런히 공부하는 글(총 8장)'을 모아두었다. 공자는 "배우고 때때로 익히면 또한 기쁘지 않겠는가?(『論語』·「學而」: 學而時習之, 不亦說乎.)"라고 말한다. 이것은 『논어』의 첫 번째 구절인 동시에 가장 유명한 문장이다. 공자가 세상을 떠나자 제자들은 스승을 추모하며 언행록言行錄을 정리했다. 이렇게 만들어진 책이 바로 『논어』이다. 책 제목도 '토론할 논', '말씀 어'로 정했다. 공자의 제자는 3천 명이 넘었다고 한다. 그 중 상당수의 제자들이 스승의 언행록 편집 작업에 참여했을 것이다. 편집을 마친 후 제자들은 학이시습學而時習을 스승의 첫 번째 가르침으로 정했다. 첫 문장을 무엇으로 정할지 제자들의 의논 결과가 학이시습이라는 점에서 부지런히 공부한다는 것은 공자의 핵심 가르침 중 하나임을 알 수 있다.

습習은 새가 하늘을 날기 위해 여러 번 날개를 퍼덕이는 모습을 본떠 만든 글자다. 어린 새가 하늘을 날기 위해 수없이 연습하는 것처럼 학문에서도 반복적인 연습은 중요하다. 반복학습에는 예습이나 복습도 포함된다. 이런 과정을 통해 우리는 새로운 지식을 얻게 되고, 점차 그 속에 담긴 지혜를 조금씩 깨닫게 된다. 공자는 이때 찾아오는 기쁨을 강조했다. 공자는 15세에 학문에 뜻을 두었고[志于學] 30세에 자립[而立]했다고 말한다. 만일 지금의 학생들에게 학문에 뜻을 두었는지 묻는다면 과연 몇 명이나 자신 있게 대답할 수 있을까? 나이든 사람들에게 '인생을 살아오면서 가장 후회되는 일이 무엇인가?'라는 질문을 했을 때 '젊어서 열심히 공부하지 않은 것을 후회한다'고 대답하는 사람이 적지 않다. 젊어서는 깨닫지 못한 일을 나이가 들어 깨닫게 된 것이다. 그러나 뒤늦게 깨달았다고 해서 늦은 것은 아니다. 배움에는 정해진 나이가 없기 때문이다. 공자가 말한 학이시습은 인생의 특정한 시기를 정해 놓고 말한 것이 아니다. 오히려 학문하는 기본적인 태도와 자세를 말했다고 보는 것이 옳을 것이다.

대부분의 학생들은 자신이 목표한 학교에 진학하기 위해 공부한다고 말할 것이다. 좋은 학교 진학이라는 목표를 공자가 학문에 뜻을 둔 것과 일치한다고 말할 수는 없다. 그러나 공자도 청소년기를 거쳐 성년이 되었다는 점에서 지금의 학생들과 완전히 다르다고 단정할 수는 없다. 이렇게 볼 때, 부지런히 공부하는 것은 학문하는 태도로서 충분한 의미가 있을 것이다.

- 사람이 배우지 않으면 하늘에 오르려는데 방법이 없는 것과 같고, 배워서 지혜가 원대해지면 높은 하늘에 있는 상서로운 구름을 헤치고 푸른 하늘을 보며 산에 올라 사해를 바라보는 것과 같다.
- 옥은 다듬지 않으면 훌륭한 물건을 만들 수 없고, 사람은 배우지

않으면 도를 알지 못한다."

- 사람이 살면서 배우지 않으면 우매하기가 밤길을 가는 것과 같다.
- 사람이 옛날과 오늘날의 일을 통달하지 못하면 말과 소에 옷을 입힌 것과 같다"
- 집이 만약 가난하더라도 가난 때문에 배우는 것을 포기하지 말고, 집이 만약 부유하더라도 부유한 것을 믿고 학문을 게을리 해서는 안 된다. 가난하더라도 부지런히 배운다면 자신의 위치를 확고히 세울 수 있고, 부유한 자가 만약 부지런히 배운다면 이름이 곧 빛날 것이다. …… 배움이란 곧 몸의 보배요, 배운 사람은 곧 세상의 보배이다. 그러므로 배우면 군자가 되고 배우지 않으면 소인이 되니, 훗날 배우는 자들은 마땅히 각기 힘써야 한다.
- 배운 사람은 낟알 같고 벼 같지만, 배우지 않은 사람은 쑥 같고 풀 같도다. 아아, 낟알 같고 벼 같음이여! 나라의 좋은 양식이요, 온 세상의 보배로다. 쑥 같고 풀 같음이여! 밭을 가는 자가 미워하고 김매는 자가 근심한다. 다른 날 담장에 얼굴을 맞대고 아무것도 보이지 않게 될 적에 배우지 않은 것을 뉘우친들 이미 늙었도다.
- 배움은 따라가지 못할 듯이 하고 오히려 배운 것을 잃을까 두려워해야 한다.

①

자 하 왈 박 학 이 독 지 절 문 이 근 사

子夏曰 博學而篤志하고 切問而近思면

인 재 기 중 의

仁在其中矣니라.

자하子夏가 말하였다. "널리 배워서 뜻을 독실히 하고, 간절하게 묻고 가까운 것에서부터 생각해 나간다면 인仁이 그 가운데 있다."

✓ 夏: 여름 하. 博: 넓을 박. 篤: 돈독할 독. 志: 뜻 지. 切: 간절할 절. 問: 물을 문. 近: 가까울 근. 思: 생각할 사. 仁: 어질 인. 矣: 어조사 의.

✓ 子夏(BC.507-BC.400): 공자의 제자로서 문학文學에 뛰어난 공문십철孔門十哲 중 한 사람. 성은 복卜, 이름은 상商, 자는 자하子夏.

②

장 자 왈 인 지 불 학 여 등 천 이 무 술

莊子曰 人之不學은 如登天而無術하고

학 이 지 원 여 피 상 운 이 도 청 천

學而智遠이면 如披祥雲而覩青天하고

등 고 산 이 망 사 해

登高山而望四海니라.

장자莊子가 말하였다. "사람이 배우지 않으면 하늘에 오르려는데 방법이 없는 것과 같고, 배워서 지혜가 원대遠大해지면 높은 하늘에 있는 상서祥瑞로운 구름을 헤치고 푸른 하늘을 보며 산에 올라 사해四海를 바라보는 것과 같다."

✓ 莊: 풍성할 장. 如: 같을 여. 登: 오를 등. 術: 방법 술. 智: 슬기 지. 遠: 멀 원. 披: 헤칠 피. 祥: 상서로울 상. 雲: 구름 운. 覩: 볼 도. 望: 바라볼 망.

✓ 莊子(B.C.365-290): 이름은 주周이며, 중국 전국시대 송宋나라 사람. 〈1-3〉 참조.

3

예기왈 옥불탁 불성기
禮記曰 玉不琢이면 不成器하고

인불학 부지도
人不學이면 不知道니라.

『예기禮記』에서 말하였다. "옥은 다듬지 않으면 훌륭한 물건을 만들 수 없고, 사람은 배우지 않으면 도道를 알지 못한다."

✓ 禮: 예절 예(례). 琢: 쪼을 탁. 器: 그릇 기.

✓ 禮記: 사서오경四書五經 중 하나로서 본래 공자(BC 551-479)가 편찬한 것으로 알려져 있으나, BC 2세기경 대대大戴(본명은 戴德)와 그의 사촌 소대小戴(본명은 戴聖)가 원문에 주周나라 말기부터 진한秦漢 시대의 제도와 예법의 내용을 첨가하였다. 『주례周禮』, 『의례儀禮』와 함께 삼례三禮라고도 말한다.

| 해설 |

이 구절은 『예기禮記』「학기學記」편에 있는 다음의 내용과 같다.

"옥은 다듬지 않으면 그릇을 이루지 못하고, 사람은 배우지 않으면 도를 알지 못한다. 그러므로 옛날의 성왕聖王은 나라를 세우고 백성에게 임금 노릇할 때 학문과 교육을 우선으로 하였다."(玉不琢이면 不成器하고

人不學이면 不知道하나니 是故로 古之王者는 建國君民하시고 教學爲先하시니라)

태공왈 인생불학
太公曰 人生不學이면
명명여야행
冥冥如夜行이니라.

4

태공太公이 말하였다. "사람이 살면서 배우지 않으면 우매하기가 밤길을 가는 것과 같다."

✓ 冥: 어두울 명. 如: 같을 여. 夜: 밤 야.

✓ 太公(B.C.1211-1072): 위수渭水 가에서 낚시질을 하다가 문왕文王에게 등용된 현자賢者로서 성姓은 강姜, 씨氏는 여呂, 이름은 상尙. 흔히 여상呂尙 혹은 여망呂望이라고 하며, 문왕의 아버지 태공太公이 오랫동안 기다리며 바라던[望] 사람이라는 의미에서 태공망太公望 혹은 강태공姜太公으로 불린다.

한문공왈 인불통고금
韓文公曰 人不通古今이면
마우이금거
馬牛而襟裾니라.

5

한문공韓文公이 말하였다. "사람이 옛날과 오늘날의 일을 통달

> 通達하지 못하면 말과 소에 옷을 입힌 것과 같다."

✓ 韓: 나라이름 한. 通: 통할 통. 今: 이제 금. 襟: 옷깃 금. 裾: 옷깃 거.

✓ 韓文公(768-824): 중국 당唐 나라 덕종德宗 때의 학자로서 이름은 유愈, 자는 퇴지退之이며, 한퇴지韓退之로 널리 알려져 있다. 당송唐宋 팔대가八大家의 한 사람이며, 유명한 저작으로는 『창려선생집昌黎先生集』이 있다.

> 주 문 공 왈　가 약 빈
> 朱文公曰 家若貧이라도
> 불 가 인 빈 이 폐 학　　가 약 부
> 不可因貧而廢學이요 家若富라도
> 불 가 시 부 이 태 학　　빈 약 근 학
> 不可恃富而怠學이니 貧若勤學이면
> 가 이 립 신　　부 약 근 학
> 可以立身이요 富若勤學이면
> 명 내 광 영　　유 견 학 자 현 달
> 名乃光榮이니라. 惟見學者顯達이요
> 불 견 학 자 무 성　　학 자
> 不見學者無成이니라. 學者는
> 내 신 지 보　학 자　내 세 지 진
> 乃身之寶요 學者는 乃世之珍이니라.
> 시 고　학 즉 내 위 군 자
> 是故로 學則乃爲君子요
> 불 학 즉 위 소 인　　후 지 학 자
> 不學則爲小人이니 後之學者는
> 의 각 면 지
> 宜各勉之니라.

6

주문공朱文公이 말하였다. "집이 만약 가난하더라도 가난 때문에 배우는 것을 포기하지 말고, 집이 만약 부유하더라도 부유한 것을 믿고 학문을 게을리 해서는 안 된다. 가난하더라도 부지런히 배운다면 자신의 위치를 확고히 세울 수 있고, 부유한 자가 만약 부지런히 배운다면 이름이 곧 빛날 것이다. 오직 배운 자가 훌륭해지는 것은 보았으나 배운 사람이 성공하지 못하는 경우는 보지 못했다. 배움이란 곧 몸의 보배요, 배운 사람은 곧 세상의 보배이다. 그러므로 배우면 군자君子가 되고 배우지 않으면 소인小人이 되니, 훗날 배우는 자들은 마땅히 각기 힘써야 한다."

✓ 若: 만약 약. 貧: 가난할 빈. 廢: 그만둘 폐. 富: 부유할 부. 恃: 믿을 시. 怠: 게으를 태. 勤: 부지런할 근. 榮: 영화로울 영. 顯: 나타날 현. 寶: 보배 보. 珍: 보배 진. 爲: 될 위. 宜: 마땅할 의. 各: 각기 각. 勉: 힘쓸 면.

휘 종 황 제 왈 학 자 여 화 여 도
徽宗皇帝曰 學者는 如禾如稻하고

불 학 자 여 호 여 초 여 화 여 도 혜
不學者는 如蒿如草로다. 如禾如稻兮여

국 지 정 량 세 지 대 보
國之精糧이요 世之大寶로다.

여 호 여 초 혜 경 자 증 혐
如蒿如草兮여 耕者憎嫌하고

서 자 번 뇌 타 일 면 장 회 지 이 노
鋤者煩惱니라 他日面墻에 悔之已老로다.

7

휘종황제徽宗皇帝가 말하였다. "배운 사람은 낟알 같고 벼 같지만, 배우지 않은 사람은 쑥 같고 풀 같도다. 아아, 낟알 같고 벼 같음이여! 나라의 좋은 양식이요, 온 세상의 보배로다. 쑥 같고 풀 같음이여! 밭을 가는 자가 미워하고 김매는 자가 근심한다. 다른 날 담장에 얼굴을 맞대고 아무것도 보이지 않게 될 적에 배우지 않은 것을 뉘우친들 이미 늙었도다."

✓ 徽: 아름다울 휘. 皇: 임금 황. 帝: 임금 제. 稻: 벼 도. 蒿: 쑥 호. 精: 고울 정. 糧: 양식 양(량). 耕: 밭갈 경. 憎: 미워할 증. 嫌: 싫어할 혐. 鋤: 김맬 서. 煩: 괴로워할 번. 惱: 괴로워할 뇌. 墻: 담 장. 悔: 후회할 회.

✓ 徽宗皇帝(1082-1135): 중국 북송北宋의 8대代 황제로서 이름은 조길趙佶. 그림과 글씨에 재주가 있었으나, 인재人才 등용登用에 실패하여 결국 금金나라의 군대에게 죽임을 당했다.

8

논어왈 학여불급 유공실지
論語曰 學如不及이요 猶恐失之니라.

『논어論語』에서 말하였다. "배움은 따라가지 못할 듯이 하고 오히려 배운 것을 잃을까 두려워해야 한다."

✓ 及: 미칠 급. 猶: 오히려 유. 恐: 두려울 공.

| 해설 |

이 구절은 『논어論語』「태백泰伯」편에 있는 다음의 내용과 같다.

공자가 말하였다. "배움은 도달하지 못한 듯이 하고, 오히려 잃을까 두려워해야 한다."(子曰 學如不及이요 猶恐失之니라)

10 훈자편訓子篇

자식을 가르치는 글

내용요약

•

'훈자편'은 '자식을 가르치는 글(총 10장)'을 모아두었다. 공자는 "어린 아이는 집에서 효도하고 밖에서 공손하며 매사에 삼가고 미덥게 행동하며 널리 사람들을 사랑하되 어진 사람과 친해야 하니, 이것을 행하고도 남은 힘이 있다면 글을 배워야 한다.(『論語』·「學而」: 弟子入則孝, 出則弟, 謹而信, 汎愛衆, 而親仁, 行有餘力, 則以學文.)"고 말한다. 이것을 '공자의 7가지 자녀교육 원리'라고 말한다. 눈에 띄는 점은 글공부를 맨 마지막 단계로 보았다는 것이다. 자녀교육은 지식교육이 아니라 효와 공경이 중심이 되어야 한다는 것이다.

사람은 '된 사람'·'든 사람'·'난 사람'으로 구분할 수 있다. '된 사람'은 인격이 훌륭한 사람, '든 사람'은 똑똑한 사람, '난 사람'은 잘난 사람을 가리킨다. 이 중에 무엇이 가장 중요한가를 묻는다면, 많은 사람들이 '된 사람'이라고 말한다. 그러나 실세 자녀를 기르는 부모들에서 물어보면, '된 사람'도 좋지만 우선은 '든 사람'이나 '난 사람'이 되기를 바라기 마련이다. 무한경쟁 시대에는 훌륭한 인격도 중요하지만, 공부 잘해서 좋은 학벌을 갖추는 것이 세상 살기에 편하다는 것을 부모들은 잘 알기 때문이다. 어찌 보면, 이런 문제로 인해 현대의 교육문제가 시작되었을 지도 모른다. 내 자녀를 어떻게 양육할 것인가의 문제는 동서고금을 막론하고 매우 민감하고 어려운 문제이다. 그러나 해답이 전혀 없는 것은 아니다. 명문가의 자녀교육 비결을 살펴보면, 공통된 2가지 특징이 있다. 그것은 바로 '본보기'와 '일관성'이다. 자녀교육의 출발점은 부모이다. 대부분의 자녀는 부모의 모습을 보고 느끼고 행동을 따라하며 배운다. 따라서 부모의 올바른 행동과 가치관을 일관성 있게 유지하는 것은 자녀들의 내적 성장에 큰 영향을 주게 된다. 결국 자녀교육의 성공비결은 멀리 있는 것이 아니라 바로 부모인 셈이다.

- 손님이 오지 않으면 집안이 비속해지고, 『시경』과 『서경』을 가르치지 않으면 자손이 어리석어진다.
- 일이 비록 작더라도 하지 않으면 이루지 못할 것이요, 자식이 비록 어질지라도 가르치지 않으면 현명하지 못할 것이다.
- 황금이 상자에 가득함이 자식에게 경서 하나를 가르치는 것만 같지 못하고, 자식에게 천금을 물려주는 것이 기술 한 가지를 가르치는 것만 못하다.
- 지극한 즐거움은 글을 읽는 것 만한 것이 없고, 지극히 요긴한 것은 자식을 가르치는 것 만한 것이 없다.
- 안으로는 어진 부형이 없고, 밖으로 엄한 스승과 벗이 없으면서 성공할 수 있는 자는 드물다.
- 남자아이가 교육의 기회를 잃으면 자라서 반드시 미련하고 어리

석으며, 여자아이가 교육의 기회를 잃으면 자라서 반드시 거칠고 솜씨가 없게 된다.

- 엄한 아버지는 효자를 길러내고, 엄한 어머니는 효녀를 길러낸다.
- 아이를 사랑하거든 매를 많이 치고, 아이를 미워하거든 먹을 것을 많이 주어라.
- 남들은 모두 보석을 사랑하지만, 나는 자손이 어진 것을 사랑할지니라.

경 행 록 운 빈 객 불 래 문 호 속

景行錄云 賓客不來면 門戶俗하고

시 서 무 교 자 손 우

詩書無敎면 子孫愚니라.

①

『경행록景行錄』에서 말하였다 "손님이 오지 않으면 집안이 비속卑俗해지고, 『시경詩經』과 『서경書經』을 가르치지 않으면 자손이 어리석어진다."

✓ 景: 볕 경. 錄: 기록할 녹(록). 賓: 손님 빈. 客: 손님 객. 戶: 지게 문 호. 俗: 비천할 속. 孫: 손자 손. 愚: 어리석을 우.

장 자 왈 사 수 소 부 작 불 성

莊子曰 事雖小나 不作이면 不成이요

자 수 현 불 교 불 명

子雖賢이나 不敎면 不明이니라.

②

장자가 말하였다. "일이 비록 작더라도 하지 않으면 이루지 못할 것이요, 자식이 비록 어질지라도 가르치지 않으면 현명하지 못할 것이다."

✓ 莊: 엄숙할 장. 雖: 비록 수. 賢: 어질 현.

한 서 운 황 금 만 영 불 여 교 자 일 경

漢書云 黃金滿籯이 不如教子一經이요

사 자 천 금 불 여 교 자 일 예

賜子千金이 不如教子一藝니라.

3

『한서漢書』에서 말하였다. "황금이 상자에 가득함이 자식에게 경서經書 하나를 가르치는 것만 같지 못하고, 자식에게 천금을 물려주는 것이 기술 한 가지를 가르치는 것만 못하다."

✓ 漢: 한수 한. 滿: 가득 찰 만. 籯: 광주리 영. 經: 법 경. 賜: 내려줄 사. 藝: 재주 예.

✓ 漢書: 중국 후한後漢의 역사가 반고班固가 저술한 기전체紀傳體의 역사서. 12제기帝紀·8표表·10지志, 70열전列傳으로 전 100권으로 이루어져 있다. 『전한서前漢書』 또는 『서한서西漢書』라고도 한다. 『사기史記』와 더불어 중국 역사학의 대표적인 저작이다. 한 무제에서 끊긴 사마천의 『사기』의 뒤를 이은 정사正史로 여겨지므로 '두 번째의 정사正史'라고도 부른다.

지 락 막 여 독 서

至樂은 莫如讀書요

지 요 막 여 교 자

至要는 莫如教子니라.

4

지극한 즐거움은 글을 읽는 것 만한 것이 없고, 지극히 요긴한 것은 자식을 가르치는 것 만한 것이 없다.

✓ 至: 지극할 지. 樂: 즐거울 낙(락). 莫: 없을 막. 如: 같을 여. 讀: 읽을 독. 要: 중요할 요.

5

여형공왈 내무현부형 외무엄사우
呂滎公曰 內無賢父兄하고 外無嚴師友요
이능유성자 선의
而能有成者 鮮矣니라.

여형공呂滎公이 말하였다. "안으로는 어진 부형이 없고, 밖으로 엄한 스승과 벗이 없으면서 성공할 수 있는 자는 드물다."

✓ 呂: 음률 여(려). 滎: 실개천 형. 嚴: 엄할 엄. 師: 스승 사. 鮮: 드물 선.
✓ 呂滎公(1039-1116): 중국 북송北宋의 학자 여희철呂希哲. 자는 원명原明, 호는 형양滎陽, 여공저呂公著의 아들. 일찍이 과거 시험은 포기하고 오로지 고학古學에만 전념했다.

6

태공왈 남자실교 장필완우
太公曰 男子失教면 長必頑愚하고
녀자실교 장필추소
女子失教면 長必麤疎니라.

태공이 말하였다. "남자아이가 교육의 기회를 잃으면 자라서 반드시 미련하고 어리석으며, 여자아이가 교육의 기회를 잃으면 자라서 반드시 거칠고 솜씨가 없게 된다."

✓ 頑: 완고할 완. 愚: 어리석을 우. 麤: 거칠 추. 疎: 서투를 소.

7

男年長大(남년장대)어든 莫習樂酒(막습악주)하고

女年長大(여년장대)어든 莫令遊走(막령유주)하라.

남자가 자라나거든 풍악이나 술을 익히지 말도록 하고, 여자가 자라나거든 놀러 다니지 말도록 하라.

✓ 莫: 없을 막. 習: 익힐 습. 樂: 음악 악. 令: 하여금 영(령). 遊: 놀 유. 走: 달릴 주.

8

嚴父(엄부)는 出孝子(출효자)요 嚴母(엄모)는 出孝女(출효녀)니라.

엄한 아버지는 효자를 길러내고, 엄한 어머니는 효녀를 길러낸다.

✓ 嚴: 엄할 엄.

연아　　　　다여봉
憐兒어든 多與棒하고
증아　　　　다여식
憎兒어든 多與食하라.

9

아이를 사랑하거든 매를 많이 치고, 아이를 미워하거든 먹을 것을 많이 주어라.

✓ 憐: 사랑할 연(련). 兒: 아이 아. 與: 줄 여. 棒: 몽둥이 봉. 憎: 미워할 증. 食: 밥 식.

인개애주옥　　　　아애자손현
人皆愛珠玉이나 我愛子孫賢이니라.

10

남들은 모두 주옥珠玉을 사랑하지만, 나는 자손이 어진 것을 사랑할지니라.

✓ 皆: 모두 개. 愛: 사랑할 애. 珠: 구슬 주. 孫: 손자 손. 賢: 어질 현.

✓ 珠玉: 값진 보석.

명심보감

11 성심편(상) 省心篇(上)

마음을 살피는 글(상)

내용요약

•

'성심편(상)'은 '마음을 살피는 글(총 55장)'을 모아두었다. 추사체를 만든 추사秋史 김정희金正喜의 「묵소거사자찬默笑居士自讚」이란 글은 자기 자신을 두고 한 말이다. 그러나 좀 더 생각해 보면, 성숙한 인격을 가진 인간상을 제시한 것으로도 볼 수 있다. 그 내용은 이렇다. "말하지 않아야 할 때 말하지 않고 잠잠한 것은 그 때에 옳은 것이다. 웃어야 할 때 자연스럽게 웃는 것은 그 상황에 맞는 것이다. 이럴까·저럴까·옳은가·옳지 못한가를 구분할 때와 구부릴까·펼까·없앨까·늘릴까를 결단할 때 움직여서 하늘의 이치에 어긋나지 않으며, 고요하여 인정人情에 어긋나지 않고 예법에 맞으니, 침묵하고 웃는 뜻이 크도다. 말하지 않아도 알아들으니 침묵한들 무슨 잘못이 있겠으며, 그럴만할 때에 자연스럽게 웃으니 웃는다고 무슨 잘못이 있겠는가? 나는 오직 스스로를 반성하여 크게 잘못함이 있는가를 생각함에 힘쓸 뿐이다.(「默笑居士自讚」: 當默而默, 近乎時, 當笑而笑, 近乎中. 周旋可否之間, 屈伸消長之際, 動而不悖於天理, 靜而不拂乎人情, 默笑之

義, 大矣哉. 不言而喩, 何傷乎黙, 得中而發, 何患乎笑. 勉之哉, 吾惟自況而知其免夫矣.)

우리는 간혹 내가 처한 상황에서 어떻게 해야 할지 결정하기 힘들 때가 종종 있다. 말을 해야 할지 침묵해야 할지, 웃어야 할지 울어야 할지, 나서야 할지 그냥 가만히 있어야 할지 등이다. 마치 비포장 길을 갈 때 흙먼지가 심하게 날려 방향 감각을 잃게 되는 경우와 같다. 이럴 때 만일 성급하게 움직인다면 난처한 상황에 처하게 될 수 있다. 그렇다면 과연 어떻게 행동해야 할까? 한 가지 좋은 방법은 우선 가던 길을 잠시 멈추는 것이다. 그리고 흙먼지가 조금 잦아들 때까지 기다리며 주위 상황을 살펴야 한다. 추사가 「묵소거사자찬」에서 말한 내용도 이와 비슷하다. 우선 절대로 성급하지 말고, 그 다음 주어진 상황을 잘 살펴보고, 그리고 사람들의 상식과 예법에 맞는 것인지 혹은 이치에 맞는 지를 잘 분별하여 행동해야 한다는 것이다. 현재 상황에만 얽매이지 말고 좀 더 넓은 시각으로 주어진 상황을 장기적 관점에서 객관적으로 평가할 줄 아는 것이 가장 중요하다는 말이다.

- 보물과 재물은 쓰면 다함이 있고, 충성과 효성은 누려도 다함이 없다.
- 집안이 화목하면 가난해도 좋거니와 의롭지 않다면 부유한들 무엇 하랴. 다만 한 자식이라도 효도하는 자를 둘 것이니 자손이 많은들 어디에 쓰겠는가?
- 아버지가 마음에 근심하지 않음은 자식이 효도하기 때문이요, 남편이 번뇌가 없음은 아내가 어질기 때문이다. 말이 많아지고 말

을 실수함은 술 때문이요, 의리가 끊어지고 친한 사람이 소원해짐은 단지 돈 때문이다.

- 이미 특별한 즐거움을 얻었다면 모름지기 뜻밖의 근심을 대비해야 한다.
- 영화로움이 적으면 욕됨이 적고, 이익이 많으면 해로움도 깊다.
- 미래를 알고자 한다면, 먼저 지나간 일을 살펴라.
- 밝은 거울은 얼굴을 살피는 수단이요, 지나간 일은 오늘을 아는 방법이다.
- 지나간 일은 밝기가 거울과 같고, 미래의 일은 어둡기가 칠흑과 같다.
- 사람을 의심하거든 쓰지 말고, 사람을 쓰거든 의심하지 마라.
- 범을 그리되 껍데기는 그릴 수 있으나 뼈는 그리기 어렵고, 사람을 알되 얼굴은 알지만 마음은 알지 못한다.
- 바다는 마르면 마침내 바닥을 볼 수 있으나, 사람은 죽어도 그 마음을 알지 못한다.
- 배부르고 따뜻하면 음욕을 생각하고, 굶주리고 추우면 도심을 발한다.
- 어진 사람이 재물이 많으면 그 뜻을 손상하고, 어리석은 사람이 재물이 많으면 허물을 더한다.
- 한 가지 일을 겪지 않으면, 한 가지 지혜를 자라게 할 수 없다.
- 시비 거리가 종일토록 있을지라도, 듣지 않으면 자연히 없어진다.
- 평생에 눈썹 찡그릴 일을 하지 않으면 세상에 이를 갈 사람이 없을 것이다. 큰 명성을 어찌 딱딱한 돌에 새길 것인가. 길에 가는 행인의 입이 비석보다 낫다.

• 복이 있어도 다 누리지 마라. 복이 다하면 몸이 빈궁해질 것이요, 권세가 있어도 다 부리지 마라. 권세가 다하면 원수와 서로 만난다. 복이 있거든 항상 스스로 아끼고, 권세가 있거든 항상 스스로 공손하라. 인생에 교만과 사치는 시작은 있으나 대부분 마침이 없다.
• 황금 천 냥이 귀한 것이 아니라 사람에게 좋은 말 한마디를 얻는 것이 천금보다 낫다.
• 가난하면 번화한 시장거리에 살아도 서로 아는 사람이 없고, 부유하면 깊은 산 중에 살아도 먼 곳에서 오는 친구가 있다.
• 사람의 의리는 모두 가난으로 인해 끊어지고, 세상의 인정은 곧 돈 있는 집으로 향한다.
• 차라리 밑 빠진 항아리는 막을지언정, 코 아래 가로놓인 입은 막기 어렵다.
• 선비가 도에 뜻을 두면서 나쁜 옷과 나쁜 음식을 부끄러워하는 자와는 서로 더불어 의논할 수 없다.
• 선비에게 질투하는 벗이 있으면 어진 이가 가까이 하지 않고, 임금에게 질투하는 신하가 있으면 어진 사람이 오지 않는다.
• 큰 부자는 하늘에 달려 있고, 작은 부자는 근면에 달려 있다.
• 집을 번성하게 할 아이는 똥거름 아끼기를 금같이 하고, 집을 망칠 아이는 돈 쓰기를 똥같이 한다.
• 하루 동안 마음이 깨끗하고 한가로우면 하루 동안의 신선이다.

경행록운 보화 용지유진
景行錄云 寶貨는 用之有盡이요
충효 향지무궁
忠孝는 享之無窮이니라.

1

『경행록』에서 말하였다. "보물과 재물은 쓰면 다함이 있고, 충성과 효성은 누려도 다함이 없다."

✓寶: 보배 보. 貨: 재물 화. 盡: 다할 진. 享: 누릴 향. 窮: 다할 궁.

가화빈야호 불의부여하
家和貧也好어니와 不義富如何오
단존일자효 하용자손다
但存一子孝니 何用子孫多리오.

2

집안이 화목하면 가난해도 좋거니와 의롭지 않다면 부유한들 무엇 하랴. 다만 한 자식이라도 효도하는 자를 둘 것이니 자손이 많은들 어디에 쓰겠는가?"

✓和: 화목할 화. 貧: 가난할 빈. 也: 또 야. 富: 부유할 부. 如: 같을 여. 何: 어찌 하. 但: 다만 단. 存: 보존할 존.

부 불 우 심 인 자 효 부 무 번 뇌 시 처 현

父不憂心因子孝요 夫無煩惱是妻賢이라

언 다 어 실 개 인 주 의 단 친 소 지 위 전

言多語失皆因酒요 義斷親疏只爲錢이니라. 3

아버지가 마음에 근심하지 않음은 자식이 효도하기 때문이요, 남편이 번뇌가 없음은 아내가 어질기 때문이다. 말이 많아지고 말을 실수함은 술 때문이요, 의리가 끊어지고 친한 사람이 소원해짐은 단지 돈 때문이다.

✓ 憂: 근심할 우. 因: 인할 인. 煩: 괴로워할 번. 惱: 괴로워할 뇌. 是: 이 시. 妻: 아내 처. 皆: 모두 개. 酒: 술 주. 斷: 끊을 단. 親: 친할 친. 疏: 멀 소. 只: 다만 지. 錢: 돈 전.

기 취 비 상 락 수 방 불 측 우

旣取非常樂이어든 須防不測憂니라. 4

이미 특별한 즐거움을 얻었다면 모름지기 뜻밖의 근심을 대비해야 한다.

✓ 旣: 이미 기. 取: 취할 취. 常: 항상 상. 樂: 즐거울 낙(락). 須: 모름지기 수. 防: 막을 방. 測: 헤아릴 측. 憂: 근심할 우.

득 총 사 욕 거 안 여 위

5 得寵思辱하고 居安慮危니라.

총애寵愛를 얻거든 욕됨을 생각하고, 편안함에 거하거든 위태함을 생각하라.

✓ 得: 얻을 득. 寵: 사랑할 총. 辱: 욕될 욕. 居: 거할 거. 慮: 생각할 여(려). 危: 위태할 위.

영 경 욕 천 이 중 해 심

6 榮輕辱淺하고 利重害深이니라.

영화榮華로움이 적으면 욕됨이 적고, 이익이 많으면 해로움도 깊다.

✓ 榮: 영화로울 영. 輕: 가벼울 경. 淺: 얕을 천. 利: 이로울 이(리). 重: 무거울 중. 害: 해칠 해. 深: 깊을 심.

심 애 필 심 비 심 예 필 심 훼

甚愛必甚費요 甚譽必甚毁요

심 희 필 심 우 심 장 필 심 망

甚喜必甚憂요 甚藏必甚亡이라.

너무 아끼면 반드시 심하게 허비할 것이요, 너무 칭찬 받으면 반드시 심한 헐뜯음을 받게 된다. 너무 기뻐하면 반드시 심히 근심하게 되고, (너무 보화寶貨를) 심히 보관하면 반드시 심히 잃는다. ⑦

✓ 甚: 심할 심. 費: 쓸 비. 譽: 칭찬할 예. 毁: 헐 훼. 喜: 기쁠 희. 憂: 근심할 우. 藏: 감출 장.

| 해설 |

『명심보감』의 초간본初刊本(청주본淸州本)에는 '甚贓(뇌물 장, 감출 장)'으로 되어 있으나, 여기에서는 의미를 분명히 하기 위해 '甚藏'으로 정함.(대본臺本으로 삼은 성백효成百曉의 『명심보감』에는 '甚藏'으로 되어 있고, 성균관成均館의 『명심보감』에는 '甚贓'으로 되어 있음.)

자왈 불관고애 하이지전추지환
子曰 不觀高崖면 何以知顚墜之患이며
불임심천 하이지몰익지환이
不臨深泉이면 何以知沒溺之患이며
불관거해 하이지풍파지환
不觀巨海면 何以知風波之患이리오. ⑧

공자가 말하였다. "높은 낭떠러지를 보지 않으면 어찌 엎어져 떨어지는 환란을 알 것이며, 깊은 샘에 임하지 않으면 어찌 몸이 빠져 죽는 환란을 알 것이며, 큰 바다를 보지 않으면 어찌 풍파의 환란을 알겠는가?"

✓觀: 볼 관. 高: 높을 고. 崖: 벼랑 애. 何: 어찌 하. 知: 알지. 顚: 뒤집힐 전. 墜: 떨어질 추. 患: 근심 환. 臨: 임할 임(림). 深: 깊을 심. 泉: 샘 천. 沒: 빠질 몰. 溺: 빠질 익(닉). 巨: 클 거. 海: 바다 해. 風: 바람 풍. 波: 물결 파.

9

욕 지 미 래　　선 찰 이 연
欲知未來인대 先察已然이니라.

미래를 알고자 한다면, 먼저 지나간 일을 살펴라.

✓欲: 하고자할 욕. 未: 아닐 미. 來: 올 내(래). 察: 살필 찰. 已: 이미 이. 然: 그럴 연.

10

자 왈 명 경　　소 이 찰 형
子曰 明鏡은 所以察形이요

왕 고　　소 이 지 금
往古는 所以知今이니라.

공자가 말하였다. "밝은 거울은 얼굴을 살피는 수단이요, 지나간 일은 오늘을 아는 방법이다."

✓鏡: 거울 경. 所: 바 소. 形: 모양 형. 往: 갈 왕. 古: 옛 고. 今: 이제 금.

과거사 명여경
過去事는 明如鏡이요
미래사 암사칠
未來事는 暗似漆이니라.

11

지나간 일은 밝기가 거울과 같고, 미래의 일은 어둡기가 칠흑과 같다.

✓ 過: 지날 과. 去: 갈 거. 事: 일 사. 暗: 어두울 암. 似: 같을 사. 漆: 검을 칠.

경행록운 명조지사 박모 불가필
景行錄云 明朝之事를 薄暮에 不可必이요
박모지사 포시 불가필
薄暮之事를 晡時에 不可必이니라.

12

『경행록景行錄』에서 말하였다. "내일 아침의 일을 저녁때에 기필期必하지 못하고, 저녁때의 일을 포시晡時[申時: 오후 3-5시]에 기필하지 못한다."

✓ 朝: 아침 조. 薄: 엷을 박. 暮: 저물 모. 晡: 신시申時 포.

✓ 期必: 꼭 이루기를 기약期約하거나 결심決心함.

✓ 晡時: 오후 4시 경을 뜻하는 신시申時와 같은 뜻.

13 천유불측풍우 인유조석화복
天有不測風雨하고 人有朝夕禍福이니라.

하늘에는 예측 못하는 비바람이 있고, 사람은 아침저녁으로 화복禍福이 있다.

✓測: 측량할 측. 風: 바람 풍. 禍: 재앙 화. 福: 복 복.

14 미귀삼척토 난보백년신
未歸三尺土하여는 難保百年身이요
이귀삼척토 난보백년분
已歸三尺土하여는 難保百年墳이니라.

석 자 되는 흙속(무덤)으로 돌아가지 않고서는 백년의 몸을 보전하기 어렵고, 이미 석 자 되는 흙속으로 돌아가서는 100년 동안 무덤을 보전하기 어렵다.

✓歸: 돌아갈 귀. 尺: 자 척. 難: 어려울 난. 保: 지킬 보. 墳: 무덤 분.

경행록운 목유소양
景行錄云 木有所養이면

즉 근 본 고 이 지 엽 무　　동 량 지 재 성
則根本固而枝葉茂하여 棟樑之材成하고

수 유 소 양　　즉 천 원 장 이 유 파 장
水有所養이면 則泉源壯而流派長하여

관 개 지 이 박　　인 유 소 양
灌漑之利博하고 人有所養이면

즉 지 기 대 이 식 견 명　　충 의 지 사 출
則志氣大而識見明하여 忠義之士出이니

가 불 양 재
可不養哉아.

15

『경행록景行錄』에서 말하였다. "나무가 기르는 바가 있으면 뿌리가 견고하고 가지와 잎이 무성하여져 동량棟樑의 재목을 이루고, 물이 기르는 바가 있으면 샘의 근원이 세차고 물줄기가 길어서 관개灌漑의 이익이 넓고, 사람이 기르는 바가 있으면 지기志氣가 커지고 식견이 밝아져 충의忠義의 선비가 나오니, 기르지 않을 수 있겠는가?"

✓ 養: 기를 양. 根: 뿌리 근. 固: 굳을 고. 枝: 가지 지. 葉: 잎 엽. 茂: 무성할 무. 棟: 용마루 동. 梁: 들보 양(량). 材: 재목 재. 泉: 샘 천. 源: 근원 원. 壯: 씩씩할 장. 流: 흐를 유(류). 派: 물결 파. 長: 길 장. 灌: 물 댈 관. 漑: 물 댈 개. 利: 이로울 이(리). 博: 넓을 박. 志: 뜻 지. 氣: 기운 기. 識: 알 식. 忠: 충성 충. 義: 옳을 의. 哉: 어조사 재.

16

自信者는 人亦信之하여 吳越이 皆兄弟요
自疑者는 人亦疑之하여 身外에
皆敵國이니라.

스스로 믿는 자는 남도 또한 자기를 믿어서 오吳 나라와 월越 나라와 같은 적국 사이라도 형제와 같이 될 수 있고, 스스로를 의심하는 자는 남도 또한 자기를 의심하여 자기 외에는 모두 적국敵國이 된다.

✓ 信: 믿을 신. 亦: 또 역. 吳: 나라이름 오. 越: 나라이름 월. 皆: 모두 개. 兄: 형 형. 弟: 아우 제. 疑: 의심할 의. 外: 바깥 외. 敵: 원수 적.

✓ 오월吳越: 춘추전국시대春秋戰國時代의 오吳나라와 월越나라를 가리키는 말로서 양국이 오랫동안 전쟁했던 일 때문에 서로 적대적인 뜻을 품는 상대를 가리키는 말.

17

疑人莫用하고 用人勿疑니라.

사람을 의심하거든 쓰지 말고, 사람을 쓰거든 의심하지 마라.

✓ 疑: 의심할 의. 莫: 말 막. 用: 쓸 용. 勿: 말 물.

풍 간 운 수 저 어 천 변 안
諷諫云 水底魚天邊雁은
고 가 사 혜 저 가 조
高可射兮低可釣어니와
유 유 인 심 지 척 간 지 척 인 심 불 가 료
惟有人心咫尺間에 咫尺人心不可料니라.

18

『풍간諷諫』에서 말하였다. "물 바닥의 고기와 하늘가의 기러기는 하늘 높이 뜬 것은 쏘아 잡고, 낮게 물속에 있는 것은 낚아 잡을 수 있거니와, 오직 사람의 마음은 지척 간에 있음에도 이 지척 간에 있는 마음은 헤아릴 수 없다."

✓ 諷: 풍자할 풍. 諫: 간할 간. 底: 바닥 저. 魚: 물고기 어. 邊: 가장자리 변. 雁: 기러기 안. 高: 높을 고. 射: 쏠 사. 兮: 어조사 혜. 低: 밑 저. 釣: 낚시 조. 惟: 오직 유. 咫: 길이 지. 尺: 자 척. 間: 사이 간. 料: 헤아릴 요(료).

✓ 諷諫: 한韓나라의 위맹韋孟이 임금의 잘못을 풍자한 시. 자세한 내용은 전해지지 않는다.

화 호 화 피 난 화 골
畵虎畵皮難畵骨이요
지 인 지 면 부 지 심
知人知面不知心이니라.

19

범을 그리되 껍데기는 그릴 수 있으나 뼈는 그리기 어렵고, 사람을 알되 얼굴은 알지만 마음은 알지 못한다.

✓畵: 그릴 화. 虎: 범 호. 皮: 가죽 피. 難: 어려울 난. 骨: 뼈 골. 面: 얼굴 면.

20

대 면 공 화　　심 격 천 산

對面共話하되 心隔千山이니라.

얼굴을 맞대고 함께 이야기는 하지만, 마음은 천산千山을 떨어져 있다.

✓對: 대할 대. 共: 함께 공. 話: 말할 화. 隔: 사이 뜰 격.

21

해 고 종 견 저　　인 사 부 지 심

海枯終見底나 人死不知心이니라.

바다는 마르면 마침내 바닥을 볼 수 있으나, 사람은 죽어도 그 마음을 알지 못한다.

✓海: 바다 해. 枯: 마를 고. 終: 마침내 종. 底: 바닥 저. 死: 죽을 사.

태 공 왈 범 인 불 가 역 상

太公曰 凡人은 不可逆相이요

해 수 불 가 두 량

海水는 不可斗量이니라.

22

태공이 말하였다. "무릇 사람은 앞질러 점칠 수 없고, 바닷물은 말[斗]로 헤아릴 수 없다."

✓逆: 거스를 역. 相: 볼 상. 斗: 말 두. 量: 헤아릴 양(량).

경 행 록 운 결 원 어 인 위 지 종 화

景行錄云 結怨於人을 謂之種禍요

사 선 불 위 위 지 자 적

捨善不爲를 謂之自賊이라.

23

『경행록景行錄』에서 말하였다. "남과 원수를 맺는 것은 재앙의 씨를 심는 것이라 하고, 선한 것을 버리고 선한 일을 하지 않는 것은 스스로를 해치는 것이라 한다."

✓結: 맺을 결. 怨: 원망할 원. 於: 어조사 어. 謂: 말할 위. 種: 심을 종. 禍: 재앙 화. 捨: 버릴 사. 善: 착할 선. 爲: 할 위. 賊: 해칠 적.

약청일면설 변견상이별
若聽一面說이면 便見相離別이니라.

24

만약 한 편의 말만 들으면 곧 서로 이별함을 보게 된다.

✓ 若: 만야 약. 聽: 들을 청. 面: 얼굴 면. 說: 말씀 설. 便: 곧 변. 相: 서로 상. 離: 떨어질 이(리). 別: 헤어질 별.

포난 사음욕
飽煖엔 思淫慾하고

기한 발도심
飢寒엔 發道心이니라.

25

배부르고 따뜻하면 음욕淫慾을 생각하고, 굶주리고 추우면 도심道心을 발한다.

✓ 飽: 배부를 포. 煖: 따뜻할 난. 思: 생각할 사. 淫: 넘칠 음. 慾: 욕심 욕. 飢: 배고플 기. 寒: 찰 한. 發: 드러낼 발. 道: 도리 도.

소광왈 현이다재즉손기지
疏廣曰 賢而多財則損其志하고

우이다재즉익기과
愚而多財則益其過니라.

소광疏廣이 말하였다. "어진 사람이 재물이 많으면 그 뜻을 손상하고, 어리석은 사람이 재물이 많으면 허물을 더한다." 26

✓ 疏: 성길 소. 廣: 넓을 광. 賢: 어질 현. 多: 많을 다. 財: 재물 재. 則: 곧 즉. 損: 손해 손. 其: 그 기. 志: 뜻 지. 愚: 어리석을 우. 益: 더할 익. 過: 허물 과.

✓ 疏廣: 한漢나라 때 사람이며, 자字는 중옹仲翁.

인 빈 지 단 　 복 지 심 령

人貧智短하고 福至心靈이니라.

27

사람이 가난하면 지혜가 짧아지고, 복이 이르면 마음이 영통靈通해진다.

✓ 貧: 가난할 빈. 智: 지혜 지. 短: 짧을 단. 福: 복 복. 至: 이를 지. 靈: 신령 영(령).

✓ 靈通: 신령스럽게 통함.

불 경 일 사 　 부 장 일 지

不經一事면 不長一智니라.

28

한 가지 일을 겪지 않으면, 한 가지 지혜를 자라게 할 수 없다.

✓ 經: 지낼 경. 事: 일 사. 長: 길 장. 智: 지혜 지.

시 비 종 일 유 불 청 자 연 무
29 是非終日有라도 不聽自然無니라.

시비 거리가 종일토록 있을지라도, 듣지 않으면 자연히 없어진다.

✓是: 옳을 시. 非: 그를 비. 終: 마칠 종. 聽: 들을 청. 然: 그럴 연.

내 설 시 비 자 변 시 시 비 인
30 來說是非者는 便是是非人이니라.

와서 시비是非에 대해 말하는 자가 곧 시비를 거는 사람이다.

✓來: 올 내(래). 說: 말씀 설. 是: 옳을 시. 非: 그를 비. 者: 사람 자. 便: 곧 변. 是: 이 시.

격 양 시 운 평 생 부 작 추 미 사
擊壤詩云 平生에 不作皺眉事하면
세 상 응 무 절 치 인 대 명
世上에 應無切齒人이라 大名을
기 유 전 완 석 로 상 행 인 구 승 비 니
31 豈有鐫頑石가 路上行人이 口勝碑니라.

『격양시擊壤詩』에서 말하였다. "평생에 눈썹 찡그릴 일을 하지 않으면 세상에 이를 갈 사람이 없을 것이다. 큰 명성名聲을 어찌 딱딱한 돌에 새길 것인가. 길에 가는 행인行人의 입이 비석碑石보다 낫다."

✓ 擊: 칠 격. 壤: 흙 양. 詩: 시 시. 作: 지을 작. 皺: 주름 추. 眉: 눈썹 미. 應: 마땅할 응. 切: 갈 절. 齒: 이 치. 豈: 어찌 기. 鐫: 새길 전. 頑: 굳을 완. 路: 길 노(로). 勝: 이길 승. 碑: 비석 비.

유 사 자 연 향 하 필 당 풍 립
有麝自然香이니 何必當風立고. 32

사향麝香이 있으면 자연히 향기로울 것이니, 어찌 반드시 바람을 향하여 서겠는가?

✓ 麝: 사향노루 사. 香: 향기 향. 何: 어찌 하. 當: 대할 당. 風: 바람 풍.

유 복 막 향 진 복 진 신 빈 궁
有福莫享盡하라 福盡身貧窮이요
유 세 막 사 진 세 진 원 상 봉
有勢莫使盡하라 勢盡寃相逢이니라
복 혜 상 자 석 세 혜 상 자 공
福兮常自惜하고 勢兮常自恭하라
인 생 교 여 치 유 시 다 무 종
人生驕與侈는 有始多無終이니라.

33 복이 있어도 다 누리지 마라. 복이 다하면 몸이 빈궁貧窮해질 것이요, 권세權勢가 있어도 다 부리지 마라. 권세가 다하면 원수와 서로 만난다. 복이 있거든 항상 스스로 아끼고, 권세가 있거든 항상 스스로 공손하라. 인생에 교만과 사치는 시작은 있으나 대부분 마침이 없다.

✓福: 복 복. 莫: 말 막. 享: 누릴 향. 盡: 다할 진. 貧: 가난할 빈. 窮: 궁할 궁. 勢: 권세 세. 使: 부릴 사. 寃: 원수 원. 相: 서로 상. 逢: 만날 봉. 兮: 어조사 혜. 常: 항상 상. 惜: 아낄 석. 恭: 공손할 공. 驕: 교만할 교. 與: 더불 여. 侈: 사치할 치. 始: 처음 시. 多: 많을 다. 終: 마칠 종.

왕 참 정 사 유 명 왈 유 유 여 부 진 지 교
王參政四留銘曰 留有餘不盡之巧하여

이 환 조 물 유 유 여 부 진 지 록
以還造物하고 留有餘不盡之祿하여

이 환 조 정 유 유 여 부 진 지 재
以還朝廷하고 留有餘不盡之財하여

이 환 백 성 유 유 여 부 진 지 복
以還百姓하고 留有餘不盡之福하여

이 환 자 손
以還子孫이니라.

34 『왕참정사류명王參政四留銘』에서 말하였다. "넘치는 재주를 다 쓰지 말고 남겼다가 조물주造物主에게 돌려주고, 넘치는 봉록俸

祿을 다 쓰지 말고 남겼다가 조정朝廷에 돌려주고, 넘치는 재물을 다 쓰지 말고 남겼다가 백성에게 돌려주며, 넘치는 복을 다 쓰지 말고 남겼다가 자손에게 돌려주어라."

✓ 參: 참여할 참. 政: 정사 정. 留: 남을 유(류). 銘: 새길 명. 餘: 남을 여. 盡: 다할 진. 巧: 재주 교. 還: 돌려보낼 환. 造: 지을 조. 物: 만물 물. 祿: 봉록 녹(록). 朝: 조정 조. 廷: 조정 정. 財: 재물 재. 姓: 성씨 성. 福: 복 복. 孫: 자손 손.

✓ 王參政: 북송北宋 진종眞宗 때의 명재상名宰相이며, 이름은 단旦, 참정參政은 벼슬 이름.

황 금 천 량　　미 위 귀
黃金千兩이 未爲貴요
득 인 일 어　　승 천 금
得人一語가 勝千金이니라.

35

황금 천 냥이 귀한 것이 아니라 사람에게 좋은 말 한마디를 얻는 것이 천금보다 낫다.

✓ 黃: 누를 황. 金: 금 금. 兩: 단위 양(량). 未: 아닐 미. 爲: 될 위. 貴: 귀할 귀. 得: 얻을 득. 語: 말씀 어. 勝: 이길 승.

교 자　졸 지 노　고 자　낙 지 모
巧者는 拙之奴요 苦者는 樂之母니라.

36 재주 있는 사람은 재주 없는 사람의 노예요, 괴로움은 즐거움의 어머니이다.

✓ 巧: 재주 교. 者: 사람 자. 拙: 서투를 졸. 奴: 노예 노. 苦: 괴로울 고. 者: 것 자. 樂: 즐거울 낙(락).

소선 난감중재
小船은 難堪重載요
심경 불의독행
深逕은 不宜獨行이니라.

37 작은 배는 무거운 짐을 견디기 어렵고, 으슥한 길은 혼자 다니기에 마땅하지 않다.

✓ 船: 배 선. 難: 어려울 난. 堪: 견딜 감. 重: 무거울 중. 載: 실을 재. 深: 깊을 심. 逕: 좁은 길 경. 宜: 마땅할 의. 獨: 홀로 독.

황금 미시귀 안락 치전다
黃金이 未是貴요 安樂이 値錢多니라.

38 황금이 귀한 것이 아니요, 안락이 돈보다 값어치가 많다.

✓黃: 누를 황. 金: 금 금. 未: 아닐 미. 是: 이 시. 貴: 귀할 귀. 安: 편안할 안. 樂: 즐거울 낙(락). 値: 값 치. 錢: 돈 전.

재가 불회요빈객
在家에 不會邀賓客이면

출외 방지소주인
出外에 方知少主人이니라.

39

집에 있을 때 손님을 맞아 대접할 줄 모르면, 밖에 나가서야 바야흐로 주인이 적은 줄을 안다.

✓家: 집 가. 會: 깨달을 회. 邀: 맞을 요(료). 賓: 손님 빈. 客: 손님 객. 方: 바야흐로 방. 知: 알지. 少: 적을 소.

✓主人: 손님이 방문訪問하는 집의 주인.

빈거요시무상식
貧居鬧市無相識이요

부주심산유원친
富住深山有遠親이니라.

40

가난하면 번화한 시장거리에 살아도 서로 아는 사람이 없고, 부유하면 깊은 산 중에 살아도 먼 곳에서 오는 친구가 있다.

✓ 貧: 가난할 빈. 居: 살 거. 鬧: 시끄러울 요(뇨, 료). 市: 시장 시. 識: 알 식. 富: 부유할 부. 住: 살 주. 深: 깊을 심. 遠: 멀 원. 親: 친할 친.

41

인 의　　진 종 빈 처 단

人義는 盡從貧處斷이요

세 정　　변 향 유 전 가

世情은 便向有錢家니라.

사람의 의리는 모두 가난으로 인해 끊어지고, 세상의 인정은 곧 돈 있는 집으로 향한다.

✓ 義: 옳을 의. 盡: 모두 진. 從: 따를 종. 貧: 가난할 빈. 處: 곳 처. 斷: 끊어질 단. 情: 뜻 정. 便: 곧 변. 向: 향할 향. 錢: 돈 전.

42

영 색 무 저 항　　난 색 비 하 횡

寧塞無底缸이언정 難塞鼻下橫이니라.

차라리 밑 빠진 항아리는 막을지언정, 코 아래 가로놓인 입은 막기 어렵다.

✓ 寧: 차라리 영(녕, 령). 塞: 막을 색. 底: 바닥 저. 缸: 항아리 항. 難: 어려울 난. 鼻: 코 비. 橫: 가로 횡.

인정　　개위군중소
人情은 皆爲窘中疎니라.

43

사람의 정情은 모두 군색窘塞한 가운데서 소원하게 된다.

✓情: 뜻 정. 皆: 모두 개. 爲: 될 위. 窘: 궁색할 군. 疎: 멀 소.

✓窘塞: 필요한 것이 없거나 부족한 상태.

사기왈　교천예묘　비주불향
史記曰 郊天禮廟는 非酒不享이요

군신붕우　비주불의　투쟁상화
君臣朋友는 非酒不義요 鬪爭相和는

비주불권　고
非酒不勸이라 故로

주유성패이불가범음지
酒有成敗而不可泛飮之니라.

44

『사기史記』에서 말하였다. "하늘에 제사를 지내고 사당祠堂에 제례 올림에도 술이 아니면 제물祭物을 올리지 못할 것이요, 임금과 신하 그리고 벗과 벗 사이에도 술이 아니면 의리가 두터워지지 않을 것이요, 싸움을 하고 서로 화해함에도 술이 아니면 권하지 못할 것이다. 그러므로 술에 성공과 실패가 있으니 함부로 마셔서는 안 된다."

✓ 記: 기록할 기. 郊: 성 밖 교. 廟: 사당 묘. 非: 아닐 비. 酒: 술 주. 享: 누릴 향. 朋: 벗 붕. 義: 옳을 의. 鬪: 싸움 투. 爭: 다툴 쟁. 相: 서로 상. 和: 화할 화. 勸: 권할 권. 敗: 실패할 패. 泛: 함부로 범.

✓ 史記: 중국 전한前漢의 역사가인 사마천司馬遷(BC.145?-BC.86?)이 지은 역사책으로서 중국 이십오사二十五史의 하나.

45

자왈 사지어도이치악의악식자
子曰 士志於道而恥惡衣惡食者는
미족여의야
未足與議也니라.

공자가 말하였다. "선비가 도道에 뜻을 두면서 나쁜 옷과 나쁜 음식을 부끄러워하는 자와는 서로 더불어 의논할 수 없다."

✓ 志: 뜻 지. 於: 어조사 어. 而: 말 이을 이. 恥: 부끄러워할 치. 惡: 나쁠 악. 食: 밥 식. 足: 충분할 족. 與: 더불 여. 議: 의논할 의.

| 해설 |

『논어論語』「리인里仁」편에 있는 구절이다.

순자왈 사유투우즉현교불친
荀子曰 士有妬友則賢交不親하고

군 유 투 신 즉 현 인 부 지

君有妬臣則賢人不至니라. 46

순자가 말하였다. "선비에게 질투하는 벗이 있으면 어진 이가 가까이 하지 않고, 임금에게 질투하는 신하가 있으면 어진 사람이 오지 않는다."

✓ 荀: 풀이름 순. 妬: 시기할 투. 賢: 어질 현. 親: 친할 친. 至: 이를 지.

천 불 생 무 록 지 인

天不生無祿之人하고

지 부 장 무 명 지 초

地不長無名之草니라. 47

하늘은 녹祿 없는 사람을 내지 않고, 땅은 이름 없는 풀을 기르지 않는다.

✓ 祿: 봉록 녹(록). 長: 기를 장. 草: 풀 초.

대 부 유 천 소 부 유 근

大富는 由天하고 小富는 由勤이니라.

48 큰 부자는 하늘에 달려 있고, 작은 부자는 근면에 달려 있다.

✓ 富: 부유할 부. 由: 말이암을 유. 勤: 부지런할 근.

성 가 지 아 석 분 여 금
成家之兒는 惜糞如金하고
패 가 지 아 용 금 여 분
敗家之兒는 用金如糞이니라.

49 집을 번성하게 할 아이는 똥거름 아끼기를 금같이 하고, 집을 망칠 아이는 돈 쓰기를 똥같이 한다.

✓ 兒: 아이 아. 惜: 아낄 석. 糞: 똥 분. 如: 같을 여. 金: 금 금. 敗: 망칠 패. 用: 쓸 용.

강 절 소 선 생 왈 한 거 신 물 설 무 방
康節邵先生曰 閑居에 愼勿說無妨하라
재 설 무 방 변 유 방
纔說無妨便有妨이니라
상 구 물 다 능 작 질
爽口物多能作疾이요
쾌 심 사 과 필 유 앙 여 기 병 후 능 복 약
快心事過必有殃이라 與其病後能服藥으론

불 약 병 전 능 자 방
不若病前能自防이니라.

50

강절소선생이 말하였다. "한가롭게 살 때 삼가 해로울 것이 없다고 말하지 말라. 겨우 해로움이 없다고 말하자마자 곧 해로움이 생기리라. 입에 상쾌한 물건이 많으면 병을 일으킬 수 있고, 마음에 상쾌한 일도 지나치면 반드시 재앙災殃이 있으리라. 병이 난 후에 약을 먹기보다는 병나기 전에 스스로 예방豫防하는 것이 낫다."

✓ 康: 편안할 강. 節: 마디 절. 邵: 고을 이름 소. 閑: 한가할 한. 居: 살 거. 愼: 삼갈 신. 說: 말씀 설. 妨: 방해할 방. 纔: 겨우 재. 便: 곧 변. 爽: 상쾌할 상. 疾: 병 질. 快: 상쾌할 쾌. 事: 일 사. 過: 지날 과. 殃: 재앙 앙. 與: 더불 여. 病: 병 병. 服: 먹을 복. 藥: 약 약. 若: 같을 약. 防: 막을 방.

재 동 제 군 수 훈 왈 묘 약
梓潼帝君垂訓曰 妙藥이

난 의 원 채 병 횡 재 불 부 명 궁 인
難醫寃債病이요 橫財는 不富命窮人이라

생 사 사 생 군 막 원 해 인 인 해
生事事生을 君莫怨하고 害人人害를

여 휴 진 천 지 자 연 개 유 보
汝休嗔하라 天地自然皆有報하니

원 재 아 손 근 재 신
遠在兒孫近在身이니라.

51

『재동제군수훈』에서 말하였다. "신묘한 약이라도 원한에 사무친 병은 치료하기 어렵고, 뜻밖에 생긴 재물은 운명運命이 궁한 사람을 부자로 만들지 못한다. 일을 내면 일이 생기는 것을 그대는 원망怨望하지 말고, 남을 해치면 남이 해치는 것을 너는 성내지 말라. 천지자연은 모두 보답함이 있나니 멀게는 자손子孫에게 있고 가깝게는 자기 몸에 있다."

✓ 梓: 가래나무 재. 潼: 강 이름 동. 帝: 임금 제. 垂: 드리울 수. 訓: 가르칠 훈. 妙: 묘할 묘. 難: 어려울 난. 醫: 치료할 의. 冤: 원통할 원. 債: 빚 채. 横: 가로 횡. 財: 재물 재. 富: 부유할 부. 命: 운명 명. 窮: 궁할 궁. 君: 그대 군. 莫: 말 막. 怨: 원망할 원. 害: 해칠 해. 汝: 너 여. 休: 말 휴. 嗔: 성낼 진. 皆: 모두 개. 報: 갚을 보. 遠: 멀 원. 兒: 아이 아. 孫: 손자 손. 近: 가까울 근.

화락화개개우락 금의포의갱환착
花落花開開又落하고 錦衣布衣更換着이라

호가 미필상부귀 빈가
豪家도 未必常富貴요 貧家도

미필장적막 부인 미필상청소
未必長寂寞이라 扶人에 未必上青霄요

추인 미필전구학 권군범사
推人에 未必塡溝壑이라 勸君凡事를

막원천 천의어인 무후박
莫怨天하라 天意於人에 無厚薄이니라.

52

꽃이 졌다 꽃이 피고 피었다 또 지고, 비단옷 베옷을 다시 바꿔 입는다. 호화로운 집이라고 해서 반드시 언제나 부귀한 것도 아니요, 가난한 집이라 해서 반드시 오래 적적하고 쓸쓸하진 않다. 사람을 부축하여도 반드시 하늘에 오르지는 못할 것이요, 사람을 밀어도 반드시 깊은 구렁에 떨어지진 않는다. 그대에게 권하노니, 모든 일에 하늘을 원망하지 말라. 하늘의 뜻은 사람에게 후하거나 박함이 없다.

✓ 落: 떨어질 낙(락). 開: 열 개. 錦: 비단 금. 布: 베 포. 更: 다시 갱. 換: 바꿀 환. 着: 입을 착. 豪: 호화로울 호. 常: 항상 상. 貴: 귀할 귀. 貧: 가난할 빈. 寂: 고요할 적. 寞: 쓸쓸할 막. 扶: 붙들 부. 上: 오를 상. 霄: 하늘 소. 推: 밀 추. 塡: 메울 전. 溝: 도랑 구. 壑: 골짜기 학. 勸: 권할 권. 君: 그대 군. 凡: 모두 범. 莫: 말 막. 怨: 원망할 원. 意: 뜻 의. 於: 어조사 어. 厚: 두터울 후. 薄: 엷을 박.

감탄인심독사사 수지천안전여차
堪歎人心毒似蛇라 誰知天眼轉如車요
거년망취동인물 금일환귀북사가
去年妄取東隣物터니 今日還歸北舍家라
무의전재 탕발설 당래전지
無義錢財는 湯潑雪이요 儻來田地는
수추사 약장교휼위생계
水推沙니라 若將狡譎爲生計면
흡사조개모락화
恰似朝開暮落花니라.

53

사람의 마음이 독하기가 뱀 같음을 한탄할 만하다. 누가 하늘의 눈이 수레바퀴처럼 돌아가고 있음을 알겠는가? 지난해에 망령되이 동쪽 이웃의 물건을 취했더니 오늘은 다시 북쪽 집으로 돌아가는구나. 의롭지 않은 돈과 재물은 끓는 물에 눈을 뿌리는 것과 같을 것이요, 뜻밖에 오는 전지田地는 물이 모래를 미는 것과 같다. 만약 교활함과 속임수를 가지고 생계를 삼는다면 아침에 피었다 저녁에 지는 꽃과 같을 것이다.

✓ 堪: 견딜 감. 歎: 탄식할 탄. 毒: 독 독. 似: 같을 사. 蛇: 뱀 사. 誰: 누구 수. 眼: 눈 안. 轉: 구를 전. 妄: 망령될 망. 取: 취할 취. 隣: 이웃 인(린). 還: 다시 환. 歸: 돌아갈 귀. 舍: 집 사. 義: 옳을 의. 錢: 돈 전. 財: 재물 재. 湯: 끓을 탕. 潑: 뿌릴 발. 雪: 눈 설. 儻: 갑자기 당. 推: 밀 추. 沙: 모래 사. 若: 만약 약. 將: 장차 장. 狡: 교활할 교. 譎: 속일 휼. 爲: 삼을 위. 恰: 마치 흡. 朝: 아침 조. 開: 필 개. 暮: 날 저물 모. 落: 떨어질 낙(락).

54

무 약 가 의 경 상 수 유 전 난 매 자 손 현

無藥可醫卿相壽요 有錢難買子孫賢이니라.

약으로도 재상의 목숨을 고칠 수 없고, 돈으로도 자손의 어짊을 사기 어렵다.

✓ 無: 없을 무. 藥: 약 약. 醫: 치료할 의. 卿: 벼슬 경. 相: 재상 상. 壽: 목숨 수. 錢: 돈 전. 難: 어려울 난. 買: 살 매. 孫: 자손 손. 賢: 어질 현.

✓ 卿相: 재상宰相.

일일청한 일일선

一日清閑이면 一日仙이니라. 55

하루 동안 마음이 깨끗하고 한가로우면 하루 동안의 신선神仙 이다.

✓ 淸: 맑을 청. 閑: 한가할 한. 仙: 신선 선.

명심보감

12 성심편(하)省心篇(下)

마음을 살피는 글(하)

내용요약

•

'성심편(하)'는 '마음을 살피는 글(총 35장)'을 모아두었다. 공자는 "유익한 것이 3가지 좋아함이고, 손해되는 것이 3가지 좋아함이다. 예악禮樂의 절차를 분별하기 좋아하며 사람의 선善함을 말하기 좋아하며 어진 벗이 많은 것을 좋아하면 유익하고, 교만과 방자함을 좋아하며 편안히 노는 것을 좋아하며 향락에 빠지는 것을 좋아하면 손해이다.(『論語』·「季氏」: 益者三樂, 損者三樂, 樂節禮樂, 樂道人之善, 樂多賢友, 益矣, 樂驕樂, 樂佚遊, 樂宴樂, 損矣.)"라고 말한다. 이것은 사람이 무엇을 좋아하고 어떤 것을 즐겨해야 하는지를 말하고 있다. 사람이 어떤 것을 좋아한다는 것은 평소 그 사람의 감정이 그곳에 모아져 있음을 의미한다. 사람의 감정이 특정한 대상에 집중되었기 때문에 그로 인해 자기의 마음도 조금씩 바뀔 수 있는 것이다. 결국 내가 무엇을 좋아하느냐에 따라 내 마음도 어떻게 변할 것인지가 결정되는 것이다. 그러므로 무엇을 좋아할 때에는 그것이 장기적으로 나에게 유익한 일인지 아니면 손해되는 것인지를 잘 분별해야 한다.

이것이 내 마음을 지키는 방법이기 때문이다.

소확행小確幸이란 말이 있다. '작지만 확실한 행복'이란 뜻을 가진 신조어다. 일본 작가 무라카미 하루키의 수필집에 처음 등장하는 이 말은 바쁜 현대인들이 일상에 지친 자신에게 보상한다는 의미로 어떤 물품을 구매하거나 특정한 행위를 하는 것을 말한다. '일과 삶의 균형'을 뜻하는 신조어인 워라밸Work & Life Balance이란 말과 함께 소확행은 일과 삶의 균형을 맞추는 문화의 필요성이 제기되면서 등장했다는 공통점이 있다. 그러나 중요한 것은 소확행이든 워라밸이든 내가 무엇을 좋아하고 어떤 일을 즐기는가의 문제일 것이다. 일반적으로 사람들은 자신의 성별·나이·학벌·직업·성격·사회적 지위나 경제적 능력 등으로 자신을 소개한다. 그러나 어떤 사람의 기질이나 속마음을 이해하기 위해서는 취미나 여가활동으로 그 사람이 무엇을 하는 지가 중요한 지표가 될 수 있다. 왜냐하면 그 사람이 좋아하고 즐기는 것에 그 사람의 감정이 모아져 있고, 그로 인해 그 사람의 마음도 얼마든지 변할 수 있기 때문이다.

- 도리가 아닌 재물은 멀리하고 도에 지나치는 술을 경계하며, 거처함에 반드시 이웃을 가리고, 사귈 때는 벗을 가리며, 질투를 마음에 일으키지 말고, 남을 헐뜯는 말을 입에서 내지 말며, 친족 중에 가난한 자를 멀리하지 말고, 타인 가운데 부유한 자를 후하게 대하지 말고, 자기의 사욕을 극복하는 일은 근검을 첫째로 삼고, 대중을 사랑함은 겸손과 화목을 첫째로 삼을 것이며, 언제나 지나간 잘못을 생각하고, 항상 미래의 허물을 생각하라.
- 한 점 작은 불티도 만 이랑의 장작을 태울 수 있고, 한 마디 그릇

된 말도 평생의 덕을 그르치고 훼손한다.

- 그 임금을 알고자 한다면 먼저 그 신하를 살펴보고, 그 사람을 알고자 한다면 먼저 그 벗을 살펴보고, 그 아비를 알고자 한다면 먼저 그 자식을 살펴보라. 임금이 성스러우면 신하가 충성스럽고, 아비가 인자하면 자식이 효도한다.
- 물이 지극히 맑으면 고기가 없고, 사람이 지극히 살피면 친구가 없다.
- 봄비는 기름과 같으나 길가는 사람은 그 진창흙탕물을 싫어하고, 가을달이 밝게 비치나 도둑은 그 밝게 비추는 것을 싫어한다.
- 자기 집 두레박 끈이 짧은 것은 탓하지 않고, 단지 남의 집 우물 깊어 힘든 것만 탓한다.
- 나무가 먹줄을 좇으면 곧아지고, 사람이 충고를 받아들이면 성인이 된다.
- 까닭 없이 천금을 얻는다면 큰 복이 있는 것이 아니라 반드시 큰 재앙이 있다.
- 큰 집이 천 칸이라도 밤에 여덟 자 방에 눕고, 좋은 밭이 만 이랑이 있더라도 하루에 두 되를 먹는다.
- 목이 마를 때 한 방울의 물은 감로수 같고, 취한 후에 잔을 더하는 것은 없는 것만 못하다.
- 술이 사람을 취하게 하는 것이 아니라 사람이 스스로 취하는 것이요, 여색이 사람을 미혹시키는 것이 아니라 사람이 스스로 미혹되는 것이다.
- 덕은 적으면서 지위가 높으며, 지혜는 작으면서 도모하는 것이 크면 화를 당하지 않는 자가 드물다.

- 관리는 지위가 성취되는 데서 게을러지고, 병은 조금 나아진 데서 심해지며, 재앙은 게으른 데서 생기고, 효도는 처자에서 약해진다. 이 네 가지를 살펴서 끝까지 삼가 끝맺음을 처음과 같이 할지니라.
- 산에 들어가 호랑이를 잡기는 쉬우나, 입을 열어 남에게 부탁의 말을 건네기는 어렵다.
- 먼 곳에 있는 물은 가까이에서 난 불을 끄지 못하고, 먼 곳의 일가친척은 가까운 이웃보다 못하다.
- 남을 대할 때 중요한 것은 자기가 하고자 하지 않는 것을 남에게 베풀지 말고, 행해도 되지 않는 일이 있거든 돌이켜 자신에서 문제를 찾아라.

진 종 황 제 어 제 왈 지 위 식 험
眞宗皇帝御製曰 知危識險이면

종 무 라 망 지 문 거 선 천 현
終無羅網之門이요 擧善薦賢이면

자 유 안 신 지 노 시 인 포 덕
自有安身之路라. 施仁布德은

내 세 대 지 영 창 회 투 보 원
乃世代之榮昌이요 懷妬報寃은

여 자 손 지 위 환 손 인 이 기
與子孫之危患이라. 損人利己면

종 무 현 달 운 잉 해 중 성 가
終無顯達雲仍이요 害衆成家면

기 유 장 구 부 귀 개 명 이 체
豈有長久富貴리요 改名異體는

개 인 교 어 이 생 화 기 상 신
皆因巧語而生이요 禍起傷身은

개 시 불 인 지 소
皆是不仁之召니라.

1

『진종황제어제眞宗皇帝御製』에서 말하였다. "위태로움을 알고 험한 것을 알면 마침내 그물에 걸리는 일이 없을 것이요, 선한 사람을 들어 쓰고 어진 사람을 천거하면 몸을 편안히 하는 길이 저절로 생긴다. 인仁을 베풀고 덕德을 폄은 곧 대대로 영화롭고 창성할 것이요, 시기하는 마음을 품고 원한에 보복함은 자손에게 위태로움과 재앙을 주는 것이다. 남을 해쳐 자기를 이롭게 하면 마침내 현달하는 자손이 없을 것이고, 뭇 사람을 해롭게 해서 집안을 크게 이룬다면 어찌 장구한 부귀가 있겠는가? 죄를 지어 이름을 고치고 목이 잘려 죽는 형벌에 처해져 머리와 몸이 따로 놓임은 모두 교묘한 말로 말미암아 생겨나고, 재앙이 일어나고 몸이 상함은 모두 어질지 못함이 불러들이는 것이다."

✓ 眞: 참 진. 宗: 마루 종. 皇: 임금 황. 帝: 임금 제. 御: 임금 어. 製: 지을 제. 危: 위태할 위. 識: 알 식. 險: 험할 험. 終: 마침내 종. 羅: 그물 나(라). 網: 그물 망. 擧: 들 거. 薦: 천거할 천. 賢: 어질 현. 施: 베풀 시. 布: 펼칠 포. 乃: 곧 내. 榮: 영화 영. 昌: 번창할 창. 懷: 품을 회. 妬: 질투할 투. 報: 갚을 보. 寃: 원통할 원. 與: 줄 여. 孫: 자손 손. 患: 근심 환. 損: 손해 손. 顯: 나타날 현. 達: 통달할 달. 雲: 구름 운. 仍: 거듭 잉. 害: 해칠 해. 衆: 무리 중. 豈: 어찌 기. 久: 오랠 구. 富: 부유할 부. 貴: 귀할 귀. 改: 고칠 개. 異: 다를 이. 皆: 모두 개. 因: 인할 인. 巧: 교묘할 교. 禍: 재앙 화. 起: 일어날 기. 傷: 상할 상. 召: 부를 소.

✓ 眞宗皇帝: 북송北宋의 제3대 황제(968-1022).

✓ 雲仍: 구름이 뭉게뭉게 생기는 것. 자손을 비유하는 말.

신 종 황 제 어 제 왈 원 비 도 지 재
神宗皇帝御製曰 遠非道之財하고

계 과 도 지 주 거 필 택 린
戒過度之酒하며 居必擇隣하고

교 필 택 우 질 투 물 기 어 심
交必擇友하며 嫉妬를 勿起於心하고

참 언 물 선 어 구 골 육 빈 자
讒言을 勿宣於口하며 骨肉貧者를

막소 타인부자 막후 극기

莫疎하고 他人富者를 莫厚하며 克己는

이근검위선 애중 이겸화위수

以勤儉爲先하고 愛衆은 以謙和爲首하며

상사이왕지비 매념미래지구

常思已往之非하고 每念未來之咎하라.

약의짐지사언 치국가이가구

若依朕之斯言이면 治國家而可久니라.

②

『신종황제어제神宗皇帝御製』에서 말하였다. "도리道理가 아닌 재물은 멀리하고 도度에 지나치는 술을 경계하며, 거처함에 반드시 이웃을 가리고, 사귈 때는 벗을 가리며, 질투를 마음에 일으키지 말고, 남을 헐뜯는 말을 입에서 내지 말며, 친족親族 중에 가난한 자를 멀리하지 말고, 타인 가운데 부유한 자를 후하게 대하지 말고, 자기의 사욕을 극복하는 일은 근검勤儉을 첫째로 삼고, 대중을 사랑함은 겸손과 화목을 첫째로 삼을 것이며, 언제나 지나간 잘못을 생각하고, 항상 미래의 허물을 생각하라. 만약 나의 이 말에 따른다면 나라와 집안을 다스림이 오래갈 수 있을 것이다."

✓ 遠: 멀 원. 財: 재물 재. 戒: 경계할 계. 過:지나칠 과. 度: 정도 도. 居: 살 거. 擇: 가릴 택. 隣: 이웃 린. 交: 사귈 교. 嫉: 시기할 질. 讒: 참소할 참. 宣: 베풀 선. 骨: 뼈 골. 肉: 고기 육. 貧: 가난할 빈. 莫: 말 막. 疎: 멀 소. 厚: 두터울 후. 勤: 부지런할 근. 儉: 검소할 검. 謙: 겸손할 겸. 往: 갈 왕. 每: 매번 매. 念: 생각할 염(념). 咎: 허물 구. 若: 만약 약. 依: 의지할 의. 朕: 나 짐. 斯: 이 사.

✓ 神宗皇帝: 북송의 제6대 황제(1048-1085).

✓骨肉: 부모형제와 친족을 비유하는 말.

고 종 황 제 어 제 왈 일 성 지 화
高宗皇帝御製曰 一星之火도
능 소 만 경 지 신 반 구 비 언
能燒萬頃之薪하고 半句非言도
오 손 평 생 지 덕 신 피 일 루
誤損平生之德이라. 身被一縷나
상 사 직 녀 지 로 일 식 삼 손
常思織女之勞하고 日食三飧이나
매 념 농 부 지 고
每念農夫之苦하라.
구 탐 투 손 종 무 십 재 안 강
苟貪妬損이면 終無十載安康이요
적 선 존 인 필 유 영 화 후 예
積善存仁이면 必有榮華後裔니라.
복 연 선 경 다 인 적 행 이 생
福緣善慶은 多因積行而生이요
입 성 초 범 진 시 진 실 이 득
入聖超凡은 盡是眞實而得이니라.

3

『고종황제어제高宗皇帝御製』에서 말하였다. "한 점 작은 불티도 만 이랑의 장작을 태울 수 있고, 한 마디 그릇된 말도 평생의 덕을 그르치고 훼손한다. 몸에 한 오라기의 실을 걸치더라도 항상 베 짜는 여자의 수고를 생각하고, 하루 세 끼니의 밥을 먹어도 농부의 노고를 생각하라. 구차하게 탐내고 시기해서 남에게 손해를 끼친다면 결국 10년의 편안함도 없을 것이요, 선善을 쌓고 인仁을 보존하면 반드시 후손들에게 영화가 있으리라. 복福이 선행善行에서 말미암는 다는 것은 대부분 오랜 실천이 쌓였기 때문이며, 성인聖人의 경지에 들어가고 평범함을 초월하는 것은 모두 진실하여 얻어진 결과이다."

✓ 星: 별 성. 燒 : 태울 소. 頃: 밭이랑 경. 薪: 땔감나무 신. 半: 반 반. 句: 구절 구. 誤: 그르칠 오. 損: 손해 손. 被: 입을 피. 縷: 실 누(루). 織: 짤 직. 勞: 힘쓸 노(로). 飧: 저녁밥 손. 農: 농사 농. 苦: 괴로울 고. 苟: 진실로 구. 貪: 탐할 탐. 終: 마침내 종. 載: 해 재. 康: 편안할 강. 積: 쌓을 적. 榮: 영화 영. 華: 화려할 화. 裔: 후손 예. 福: 복 복. 緣: 말미암을 연. 慶: 경사 경. 因: 인할 인. 聖: 성인 성. 超: 넘을 초. 凡: 평범할 범. 盡: 모두 진.

✓ 高宗皇帝: 남송南宋의 제1대 황제(1107-1187).

4

왕 량 왈 욕 지 기 군 선 시 기 신
王良曰 欲知其君인대 先視其臣하고

욕 식 기 인 선 시 기 우
欲識其人인대 先視其友하고

욕 지 기 부 선 시 기 자
欲知其父인대 先視其子하라.

군 성 신 충 부 자 자 효
君聖臣忠하고 父慈子孝니라.

왕량王良이 말하였다. "그 임금을 알고자 한다면 먼저 그 신하를 살펴보고, 그 사람을 알고자 한다면 먼저 그 벗을 살펴보고, 그 아비를 알고자 한다면 먼저 그 자식을 살펴보라. 임금이 성스러우면 신하가 충성스럽고, 아비가 인자하면 자식이 효도한다."

✓ 良: 좋을 양(량). 欲: 하고자할 욕. 視: 볼 시. 識: 알 식. 慈: 사랑할 자.

✓ 王良: 춘추시대 진晉나라 사람. 후한後漢 시대 사람이라는 설도 있다.

가어운 수지청즉무어
家語云 水至淸則無魚하고
인지찰즉무도
人至察則無徒니라. 5

『가어家語』에서 말하였다. "물이 지극히 맑으면 고기가 없고, 사람이 지극히 살피면 친구가 없다."

✓ 至: 지극할 지. 淸: 맑을 청. 魚: 물고기 어. 察: 살필 찰. 徒: 무리 도.

✓ 家語: 공자의 언행言行 및 공자와 문인門人과의 대화를 모아 놓은 책으로서 『공자가어孔子家語』(10권 44편)을 가리킨다.

허경종왈 춘우여고 행인
許敬宗曰 春雨如膏나 行人은
오기니녕 추월양휘 도자
惡其泥濘하고 秋月揚輝나 盜者는

증기조감
憎其照鑑이니라.

6 허경종許敬宗이 말하였다. "봄비는 기름과 같으나 길가는 사람은 그 진창흙탕물을 싫어하고, 가을달이 밝게 비치나 도둑은 그 밝게 비추는 것을 싫어한다."

✓ 膏: 기름 고. 惡: 싫어할 오. 泥: 진흙 이(니). 濘: 진흙 영(녕). 揚: 드날릴 양. 輝: 빛날 휘. 盜: 훔칠 도. 憎: 미워할 증. 照: 비출 조. 鑑: 볼 감.

✓ 許敬宗(592-673): 당唐나라 때의 정치가.

경행록운 대장부견선명고
景行錄云 大丈夫見善明故로
중명절어태산 용심정고
重名節於泰山하고 用心精故로
경사생어홍모
輕死生於鴻毛니라.

7 『경행록』에서 말하였다. "대장부는 선善을 보는 것이 밝기 때문에 명분과 절의를 태산보다 중히 여기고, 마음 쓰는 것이 정밀하기 때문에 죽고 사는 것을 기러기 털보다 가볍게 여긴다."

✓ 丈: 어른 장. 重: 무거울 중. 節: 마디 절. 泰: 클 태. 精: 정밀할 정. 輕: 가벼울 경. 鴻: 큰기러기 홍.

민 인 지 흉 　 낙 인 지 선

憫人之凶하고 樂人之善하며

제 인 지 급 　 구 인 지 위

濟人之急하고 救人之危니라.

8

남의 흉한 것을 불쌍히 여기고, 남의 선한 것을 즐거워하며, 남의 급한 것을 건지고, 남의 위태로움을 구제하라.

✓ 憫: 불쌍히 여길 민. 凶: 흉할 흉. 樂: 즐거울 낙(락). 濟: 건질 제. 急: 급할 급. 救: 구제할 구. 危: 위태할 위.

경 목 지 사 　 공 미 개 진

經目之事도 恐未皆眞이어늘

배 후 지 언 　 기 족 심 신

背後之言을 豈足深信이리오.

9

눈으로 경험한 일도 모두 참되지는 아니할까 두렵거늘, 등 뒤의 말을 어찌 깊이 믿을 수 있으리오?

✓ 經: 지날 경. 恐: 두려울 공. 背: 등 배. 足: 충분할 족. 深: 깊을 심.

10 不恨自家汲繩短하고
只恨他家苦井深이로다.

자기 집 두레박 끈이 짧은 것은 탓하지 않고, 단지 남의 집 우물 깊어 힘든 것만 탓한다.

✓ 恨: 한탄할 한. 汲: 물길을 급. 繩: 줄 승. 短: 짧을 단. 只: 다만 지. 苦: 괴로울 고. 井: 우물 정.

11 贓濫이 滿天下하되 罪拘薄福人이니라.

부정한 재물을 취하는 사람이 천하에 가득하되, 죄는 복이 적은 사람에게 걸린다.

✓ 贓: 뇌물 장. 濫: 넘칠 남(람). 滿: 찰 만. 罪: 죄 죄. 拘: 걸릴 구. 薄: 엷을 박.

天若改常이면 不風則雨요

인 약 개 상 불 병 즉 사
人若改常이면 不病則死니라. 12

하늘이 만약 상도常道을 바꾸면 바람 불지 않으면 비가 오고, 사람이 만약 상도를 바꾸면 병이 나지 않으면 죽는다.

✓若: 만약 약. 改: 고칠 개. 常: 항상 상. 病: 병 병. 死: 죽을 사.

장 원 시 운 국 정 천 심 순
壯元詩云 國正天心順이요
관 청 민 자 안 처 현 부 화 소
官清民自安이라. 妻賢夫禍少요
자 효 부 심 관
子孝父心寬이니라.

13

『장원시壯元詩』에서 말하였다. "나라가 바르면 천심天心도 순하고, 벼슬아치가 청렴하면 온 백성이 저절로 편안하다. 아내가 어질면 남편의 화가 적을 것이요, 자식이 효도하면 아버지의 마음이 너그러워진다."

✓壯: 씩씩할 장. 順: 순할 순. 官: 벼슬 관. 妻: 아내 처. 賢: 어질 현. 禍: 재앙 화. 寬: 너그러울 관.

14 자왈 목종승즉직 인수간즉성
子曰 木從繩則直하고 人受諫則聖이니라.

공자가 말하였다. "나무가 먹줄을 좇으면 곧아지고, 사람이 충고忠告를 받아들이면 성인聖人이 된다."

✓從: 좇을 종. 繩: 먹줄 승. 直: 곧을 직. 受: 받을 수. 諫: 충고할 간. 聖: 성인 성.

15 일파청산경색유 전인전토후인수
一派青山景色幽러니 前人田土後人收라
후인수득막환희
後人收得莫歡喜하라
갱유수인재후두
更有收人在後頭니라.

한 줄기 푸른 산은 경치가 그윽하더니 앞사람이 가꾸던 전토田土를 뒷사람이 거둔다. 뒷사람은 거두게 된 것을 기뻐하지 말라. 다시 거둘 사람이 뒷머리에 있다.

✓派: 갈래 파. 景: 경치 경. 幽: 그윽할 유. 收: 거둘 수. 得: 얻을 득. 莫: 말 막. 歡: 기쁠 환. 喜: 기쁠 희. 更: 다시 갱. 頭: 머리 두.

소 동 파 왈 무 고 이 득 천 금
蘇東坡曰 無故而得千金이면
불 유 대 복 필 유 대 화
不有大福이라 必有大禍니라.

16

소동파蘇東坡가 말하였다. "까닭 없이 천금을 얻는다면 큰 복이 있는 것이 아니라 반드시 큰 재앙이 있다."

✓ 蘇: 소생할 소. 坡: 언덕 파. 故: 까닭 고. 得: 얻을 득. 福: 복 복. 禍: 재앙 화.

✓ 蘇東坡(1036-1101): 이름은 식軾, 호는 동파東坡로서 북송北宋의 학자. 당송팔대가唐宋八大家의 한 사람.

강 절 소 선 생 왈 유 인 래 문 복
康節邵先生曰 有人來問卜하되
여 하 시 화 복 아 휴 인 시 화
如何是禍福고 我虧人是禍요
인 휴 아 시 복
人虧我是福이니라.

17

강절소선생康節邵先生이 말하였다. "어떤 사람이 와서 점괘占卦를 묻되, '어떠한 것이 화복禍福입니까?' 하자, '내가 남을 해롭게 하면 이것이 화요, 남이 나를 해롭게 하면 이것이 복이다.'"

✓ 康: 편안할 강. 節: 마디 절. 邵: 고을 이름 소. 問: 물을 문. 卜: 점 복. 如: 같을 여. 何: 어찌 하. 虧: 이지러질 휴.

18

대 하 천 간 야 와 팔 척

大廈千間이라도 夜臥八尺이요

양 전 만 경 일 식 이 승

良田萬頃이라도 日食二升이니라.

큰 집이 천 칸이라도 밤에 여덟 자 방에 눕고, 좋은 밭이 만 이랑이 있더라도 하루에 두 되를 먹는다.

✓ 廈: 큰집 하. 間: 사이 간. 夜: 밤 야. 臥: 누울 와. 尺: 자 척. 良: 좋을 양(량). 頃: 이랑 경. 升: 되 승.

19

구 주 영 인 천 빈 래 친 야 소

久住令人賤이요 頻來親也疎라

단 간 삼 오 일 상 견 불 여 초

但看三五日에 相見不如初니라.

손님으로 오래 머물면 사람들로 하여금 나를 천하게 여기도록 만들고, 자주 오면 친하던 사이도 멀어진다. 단지 사흘이나 닷새만 보아도 서로 보는 것이 처음만 같이 못하다.

✓ 住: 머물 주. 令: 하여금 영(령). 賤: 천할 천. 頻: 자주 빈. 也: 또한 야. 疎: 멀 소. 但: 다만 단. 看: 볼 간. 如: 같을 여. 初: 처음 초.

갈 시 일 적 　 여 감 로
渴時一滴은 如甘露요
취 후 첨 배 　 불 여 무
醉後添盃는 不如無니라.

20

목이 마를 때 한 방울의 물은 감로수甘露水 같고, 취한 후에 잔을 더하는 것은 없는 것만 못하다.

✓ 渴: 목마를 갈. 滴: 물방울 적. 甘: 달 감. 露: 이슬 노(로). 醉: 취할 취. 添: 더할 첨. 盃: 잔 배(=杯).

✓ 甘露水: 하늘에서 내려주는 불로장생不老長生의 신비한 약. 세상이 태평성대太平聖代가 되면 하늘이 상서로운 징조로 내려준다는 전설이 있다.

주 불 취 인 인 자 취
酒不醉人人自醉요
색 불 미 인 인 자 미
色不迷人人自迷니라.

21

술이 사람을 취하게 하는 것이 아니라 사람이 스스로 취하는 것이요, 여색女色이 사람을 미혹시키는 것이 아니라 사람이 스스로 미혹되는 것이다.

✓ 醉: 취할 취. 色: 색 색. 迷 : 미혹할 미.

22

공 심　약 비 사 심　하 사 불 판
公心을 若比私心이면 何事不辦이며

도 념　약 동 정 념　성 불 다 시
道念을 若同情念이면 成佛多時니라.

공公을 위하는 마음을 사私를 위하는 마음에 비긴다면 무슨 일인들 되지 않겠으며, 도道를 향하는 마음을 만약 정념情念처럼 한다면 부처의 경지가 이룩된 지 오래일 것이다.

✓ 公: 공 공. 若: 만약 약. 比: 견줄 비. 私: 개인 사. 辦: 힘쓸 판. 念: 생각할 염(념). 佛: 부처 불.

✓ 情念: 남녀가 서로를 생각하는 마음.

23

염 계 선 생 왈　교 자 언　졸 자 묵
濂溪先生曰 巧者言하고 拙者默하며

교 자 노　졸 자 일　교 자 적
巧者勞하고 拙者逸하며 巧者賊하고

졸 자 덕　교 자 흉　졸 자 길
拙者德하며 巧者凶하고 拙者吉하나니

오 호　천 하 졸　형 정　철
嗚呼라 天下拙이면 刑政이 撤하여

상 안 하 순　풍 청 폐 절
上安下順하며 風清弊絶이니라.

염계濂溪선생이 말하였다. "재주가 있는 사람은 말을 잘하고 재주가 없는 사람은 침묵하며, 재주가 있는 사람은 수고롭고 재주가 없는 사람은 한가하다. 재주가 있는 사람은 남을 해치고 재주가 없는 사람은 덕스러우며, 재주가 있는 사람은 흉凶하고 재주가 없는 사람은 길吉하다. 아아! 천하가 재주가 없으면 형벌로 다스리는 정치가 없어져, 위의 임금은 편안하고 아래 백성은 순종하며, 풍속이 맑고 폐단이 없어질 것이다."

✓ 濂: 시내 이름 염(렴). 溪: 시내 계. 巧: 재주 교. 拙: 졸렬할 졸. 默: 잠잠할 묵. 勞: 힐쓸 노(로). 逸: 편안할 일. 賊: 해칠 적. 凶: 흉할 흉. 吉: 길할 길. 嗚: 탄식 소리 오. 呼; 탄식 소리 호. 刑: 형벌 형. 政: 정사 정. 撤: 거둘 철. 順: 순할 순. 弊: 폐단 폐. 絶: 끊을 절.

✓ 濂溪: 송학宋學의 시조로서 북송오자北宋五子 중 한 사람인 주돈이周敦頤(1017-1073)를 가리킨다. 본래 이름은 돈실敦實이었으나 송나라 영종英宗(재위: 1063-1067)의 초명인 종실宗實과 같은 글자를 피하기 위해 돈이敦頤로 이름을 바꾸었다. 자는 무숙茂淑, 호는 염계이다. 말년에 강서성江西省의 여산廬山 시냇가에 집을 짓고 제자를 가르치며 여생을 보냈는데, 이 때 개울 이름을 염계라 하고 스스로 염계선생이라고 부른 것에서 비롯되었다. 대표 저서로는 『태극도설太極圖說』, 『통서通書』 등이 있다.

역 왈 덕 미 이 위 존 지 소 이 모 대
易曰 德微而位尊하고 智小而謀大면
무 화 자 선 의
無禍者鮮矣니라. 24

『주역周易』에서 말하였다. "덕德은 적으면서 지위가 높으며, 지혜는 작으면서 도모하는 것이 크면 화를 당하지 않는 자가 드물다."

✓ 微: 작을 미. 尊: 높을 존. 智: 지혜 지. 謀: 꾀할 모. 鮮: 드물 선.

| 해설 |

이 구절은 『주역周易』「계사상繫辭上」에 있는 다음의 내용과 같다.

공자가 말하였다. "덕이 적으면서 지위가 높고, 지혜가 작으면서 꾀함이 크고, 힘이 작으면서 짐이 무거우면 화가 미치지 않는 자가 드물다."(子曰 德薄而位尊하며 知小而謀大하며 力小而任重하면 鮮不及矣니라)

설원왈 관태어환성 병가어소유

說苑曰 官怠於宦成하고 病加於小愈하며

화생어해타 효쇠어처자

禍生於懈惰하고 孝衰於妻子니

찰차사자 신종여시

察此四者하여 愼終如始니라.

25

『설원說苑』에서 말하였다. "관리는 지위가 성취되는 데서 게을러지고, 병은 조금 나아진 데서 심해지며, 재앙은 게으른 데서 생기고, 효도는 처자妻子에서 약해진다. 이 네 가지를 살펴서 끝까지 삼가 끝맺음을 처음과 같이 할지니라."

✓ 苑: 동산 원. 官: 관리 관. 怠: 게으를 태. 宦: 벼슬 환. 病: 병 병. 加: 더할 가. 愈: 나을 유. 懈: 게으를 해. 惰: 게으를 타. 衰: 쇠할 쇠. 妻: 아내 처. 察: 살필 찰. 愼: 삼갈 신. 終: 마칠 종. 始: 처음 시.

✓『說苑』: 한韓나라 유향劉向이 지은 책으로서 선현先賢들의 일화逸話가 수록되어 있다.

기 만 즉 일 인 만 즉 상

器滿則溢하고 人滿則喪이니라. 26

그릇이 가득차면 넘치고, 사람이 자만自慢하면 잃는다.

✓ 器: 그릇 기. 滿: 찰 만. 溢: 넘칠 일. 喪: 잃을 상.

| 해설 |

'과유불급過猶不及'이란 말이 있다. '지나친 것은 미치지 못함만 못하다'는 뜻이다. 무엇이든 넘치고 지나친 것은 좋지 않다. 적정한 수준에 도달하여 만족하고 그칠 줄 아는 것이 중요하다. 이것을 '중용中庸'이라고 말한다.

척 벽 비 보 촌 음 시 경

尺璧非寶요 寸陰是競이니라. 27

한 자의 구슬이 보배가 아니요, 짧은 시간 이것을 다투어라.

✓尺: 자 척. 璧: 구슬 벽. 寶: 보배 보. 寸: 마디 촌. 陰: 그늘 음. 競: 겨룰 경.

28

양갱 수미 중구 난조
羊羹이 雖美나 衆口는 難調니라.

양고기 국이 비록 맛은 좋으나, 여러 사람의 입을 맞추기는 어렵다.

✓羹: 국 갱. 雖: 비록 수. 衆: 무리 중. 難: 어려울 난. 調: 맞출 조.

29

익지서운 백옥 투어니도
益智書云 白玉은 投於泥塗라도

불능오예기색 군자 행어탁지
不能汚穢其色이요 君子는 行於濁地라도

불능염란기심 고 송백
不能染亂其心하나니 故로 松柏은

가이내설상
可以耐雪霜이요

명지 가이섭위난
明智는 可以涉危難이니라.

『익지서益智書』에서 말하였다. "백옥을 진흙 속에 던져도 그 빛을 더럽힐 수 없고, 군자는 혼탁한 곳에 갈지라도 그 마음을 더럽히거나 어지럽힐 수 없다. 그러므로 소나무·잣나무는 서리와 눈을 견뎌 내고, 현명하고 지혜로운 사람은 위난危難을 건널 수 있다."

✓ 投: 던질 투. 泥: 진흙 이(니). 塗: 진흙 도. 汚: 더러울 오. 穢: 더러울 예. 濁: 흐릴 탁. 染: 물들일 염. 亂: 어지러울 난(란). 松: 소나무 송. 柏: 잣나무 백. 耐: 견딜 내. 霜: 서리 상. 涉: 건널 섭. 危: 위태할 위.

입 산 금 호　　이
入山擒虎는 易어니와
개 구 고 인　　난
開口告人은 難이니라. 30

산에 들어가 호랑이를 잡기는 쉬우나, 입을 열어 남에게 부탁의 말을 건네기는 어렵다.

✓ 擒: 사로잡을 금. 虎: 범 호. 易: 쉬울 이. 開: 열 개. 告: 알릴 고. 難: 어려울 난.

원 수　　불 구 근 화
遠水는 不救近火요
원 친　　불 여 근 린
遠親은 不如近隣이니라.

31 먼 곳에 있는 물은 가까이에서 난 불을 끄지 못하고, 먼 곳의 일가친척은 가까운 이웃보다 못하다.

✓遠: 멀 원. 救: 구제할 구. 近: 가까울 근. 親: 친척 친. 如: 같을 여. 隣: 이웃 린.

태 공 왈 일 월 수 명
太公曰 日月이 雖明이나
부 조 복 분 지 하 도 인 수 쾌
不照覆盆之下하고 刀刃이 雖快나
불 참 무 죄 지 인 비 재 횡 화
不斬無罪之人하고 非災橫禍는
불 입 신 가 지 문
不入愼家之門이니라.

32 태공이 말하였다. "해와 달이 비록 밝으나 엎어놓은 동이의 밑은 비추지 못하고, 칼날이 비록 잘 들더라도 죄 없는 사람은 베지 못하고, 정상이 아닌 재앙과 느닷없는 화禍는 조심하는 집 문에는 들어가지 못한다."

✓雖: 비록 수. 照: 비출 조. 覆: 뒤집힐 복. 盆: 그릇 분. 刃: 칼날 인. 快: 신속할 쾌. 斬: 벨 참. 災: 재앙 재. 橫: 가로 횡. 禍: 재앙 화. 愼: 삼갈 신.

태 공 왈 양 전 만 경 불 여 박 예 수 신

太公曰 良田萬頃이 不如薄藝隨身이니라. 33

태공이 말하였다. "좋은 밭 만 이랑이 하찮은 기술을 몸에 지니는 것만 못하다."

✓ 良: 좋을 양(량). 頃: 밭이랑 경. 薄: 엷을 박. 藝: 재주 예. 隨: 따를 수.

성 리 서 운 접 물 지 요 기 소 불 욕

性理書云 接物之要는 己所不欲을

물 시 어 인 행 유 부 득

勿施於人하고 行有不得이어든

반 구 저 기

反求諸己니라. 34

성리서性理書에서 말하였다 "남을 대할 때 중요한 것은 자기가 하고자 하지 않는 것을 남에게 베풀지 말고, 행해도 되지 않는 일이 있거든 돌이켜 자신에서 문제를 찾아라."

✓ 性: 성품 성. 理: 이치 리. 書: 책 서. 接: 사귈 접. 物: 만물 물. 要: 중요할 요. 欲: 하고자할 욕. 勿: 말 물. 施: 베풀 시. 於: 어조사 어. 得: 가능할 득. 反: 돌이킬 반. 求: 구할 구. 諸: 어조사 저.

| 해설 |

‘己所不欲 勿施於人’은 『논어論語』「안연顔淵」편에 있는 구절이다. 그 내용은 다음과 같다.

중궁仲弓이 인仁을 묻자, 공자가 말하였다. “문을 나갔을 때에는 큰손님을 뵌 듯이 하며, 백성에게 일을 시킬 때에는 큰 제사를 받들 듯이 하고, 자기가 하고 싶지 않은 것을 남에게 베풀지 말아야 하니, 나라에 원망이 없으며, 집안에 원망이 없을 것이다.” 중궁이 말하였다. “제가 비록 민첩하지 못하지만 이 말씀을 실천하겠습니다.”(仲弓이 問仁한대 子曰 出門如見大賓하며 使民如承大祭하고 己所不欲을 勿施於人이니 在邦無怨하며 在家無怨이니라 仲弓이 曰 雍雖不敏이나 請事斯語矣로이다)

‘反求諸己’는 『논어論語』「위령공衛靈公」편에 있는 구절이다. 그 내용은 다음과 같다.

공자가 말하였다. “군자는 자신에게서 찾고, 소인은 남에게서 찾는다.”(子曰 君子는 求諸己요 小人은 求諸人이니라)

주 색 재 기 사 도 장　다 소 현 우 재 내 상
酒色財氣四堵墻에 多少賢愚在內廂이라.
약 유 세 인 도 득 출
若有世人跳得出이면
변 시 신 선 불 사 방
便是神仙不死方이니라.

35

술·여색·재물·기운의 네 담 안에 수많은 어진 이와 어리석은 사람이 그 방에 있다. 만약 세상사람 중에 이곳을 뛰쳐나오는 이가 있다면 그것은 곧 신선의 죽지 않는 방법이다.

✓ 酒: 술 주. 財: 재물 재. 堵: 담 도. 墻: 담 장. 賢: 어질 현. 愚: 어리석을 우. 廂: 행랑 상. 若: 만약 약. 跳: 뛸 도. 得: 능할 득. 便: 곧 변. 方: 방법 방.

13 입교편立教篇

가르침을 세우는 글

내용요약

•

'입교편'은 '가르침을 세우는 글(총 15장)'을 모아두었다. 가르침을 세운다는 것은 교육의 기초를 마련한다는 뜻이다. 『소학小學』에 보면, "「내칙內則」에서 말하기를 '자식을 낳으면 여러 사람들 중에 스승이 될 만한 자를 선택하되 반드시 그 마음이 너그럽고 넉넉하며 자애롭고 은혜로우며 온화하고 선량하며 공손하고 조심하며 삼가면서 말이 적은 자를 찾아서 자식의 스승을 삼아야 한다.(『小學』·「立教」: 內則曰, 凡生子, 擇於諸母與可者, 必求其寬裕慈惠溫良恭敬愼而寡言者, 使爲子師.)"라는 구절이 있다. 이것은 어린 자녀가 훌륭하게 성장하기 위해서는 반드시 좋은 스승이 필요하다는 말이다. 어린 나이에 처음 배우기 시작할 때에는 누구에게 어떤 교육을 받느냐가 매우 중요하다. 선생이 누구냐에 따라 어린 자녀의 성격과 인격, 가치관 형성에 큰 영향을 주기 때문이다. 이 때문에 예로부터 교육을 처음 시작할 때에는 스승이나 교육환경 등에 많은 관심을 두었다.

율곡栗谷 이이李珥는 "처음 배우기 시작한 사람은 먼저 뜻을 세워

야 하는데, 반드시 성인聖人이 될 것을 스스로 다짐하여 조금이라도 자신을 작게 여기거나 남에게 의지하려는 생각을 가져서는 안 된다. 보통 사람과 성인의 본성本性은 본래 같다. 비록 기질氣質에 따라 맑고 흐린 차이가 있고 순수하고 잡된 차이가 있지만, 진정으로 깨닫고 실천하여 과거의 나쁜 습관을 버리고 본래 타고난 본성을 회복한다면, 털끝만큼도 보태지 않아도 모든 선善이 넉넉하게 갖추어질 것이니, 보통 사람이더라도 어찌 성인이 될 것을 스스로 기약하지 않을 수 있겠는가?(『擊蒙要訣』·「立志」: 初學, 先須立志, 必以聖人自期, 不可有一毫自小退託之念. 蓋衆人與聖人, 其本性則一也. 雖氣質, 不能無淸濁粹駁之異, 而苟能眞知實踐, 去其舊染而復其性初, 則不增毫末而萬善具足矣, 衆人, 豈可不以聖人自期乎.)"라고 말한다. 이것은 배움을 시작하는 사람이 어떤 마음가짐을 가져야 하는 지에 대해 강조한 구절이다. 먼저 큰 목표를 세운 후에 나도 할 수 있다는 확신을 가지고 진실하고 성실한 자세로 꾸준히 정진해야 한다는 뜻이다. 율곡은 황해도 해주의 석담에 머무른 적이 있다. 당시 몇 명의 학생들이 찾아와 율곡에게 배움을 청했다. 이때 율곡은 학문하는 태도와 독서방법 등을 가르쳐 주기 위해 『격몽요결擊蒙要訣』(총 10장)을 지었다. 이런 이유로 책 제목도 '우매함을 깨뜨리는 중요한 비결'로 정했다. 위의 글은 『격몽요결』 제1장의 첫 번째 문장이다. 율곡은 배움을 시작하는 사람이 가장 먼저 해야 할 일이 뜻을 세우는[立志] 것이라고 말한다. 그만큼 마음가짐이 중요하다는 뜻이다. 무턱대고 열심히만 공부하라고 말하는 지금과는 확연한 차이가 있다.

• 정치의 요점은 공평과 청렴이요, 집을 크게 이루는 길은 검약과

근면이다.

- 독서는 집을 일으키는 근본이요, 이치를 따름은 집을 잘 보존하는 근본이요, 근면과 검약은 집을 다스리는 근본이요, 화목과 순종은 집안을 가지런히 하는 근본이다.
- 일생의 계획은 어릴 때에 있고, 일 년의 계획은 봄에 있고, 하루의 계획은 새벽에 있다. 어려서 배우지 않으면 늙어서 아는 것이 없고, 봄에 밭 갈지 않으면 가을에 바랄 것이 없으며, 새벽에 일어나지 않으면 그 날에 할 일이 없다.
- 벼슬을 다스림에는 공평한 것 만한 것이 없고, 재물에 임해서는 청렴만한 것이 없다.
- 무릇 말을 반드시 충성되고 미덥게 하며, 무릇 행실을 반드시 돈독히 하고 공경히 하며, 음식을 반드시 삼가고 알맞게 하며, 글씨를 반드시 반듯하고 바르게 쓰며, 용모를 반드시 단정하고 엄숙히 하며, 의관을 반드시 엄숙하고 바르게 하며, 걸음걸이를 반드시 편안하고 자상히 하며, 거처하는 곳을 반드시 바르고 정숙하게 하며, 일하는 것을 반드시 계획을 세워 시작하며, 말을 하는 것을 반드시 그 실행 여부를 생각해서 하며, 평상의 덕을 반드시 굳게 가지며, 승낙하는 것을 반드시 신중히 대응하며, 선을 보거든 자기에게서 나온 것 같이 하며, 악을 보거든 자기의 병인 것처럼 하라. 무릇 이 열 네 가지는 모두 내가 아직 깊이 살피지 못한 것이다. 이것을 자리의 귀퉁이에 해당하는 곳에 써 붙여 놓고 아침저녁으로 보고 경계하노라.

자 왈 입 신 유 의 이 효 위 본
子曰 立身有義하니 而孝爲本이요
상 기 유 례 이 애 위 본
喪紀有禮하니 而哀爲本이요
전 진 유 열 이 용 위 본 치 정 유 리
戰陣有列하니 而勇爲本이요 治政有理하니
이 농 위 본 거 국 유 도 이 사 위 본
而農爲本이요 居國有道하니 而嗣爲本이요
생 재 유 시 이 력 위 본
生財有時하니 而力爲本이니라.

1

공자가 말하였다. "입신立身에 의義가 있으니 효도가 그 근본이요, 상사喪事에 예禮가 있으니 슬퍼함이 그 근본이요, 전쟁터에 대열隊列이 있으니 용감함이 그 근본이 된다. 나라를 다스리는 데 이치가 있으니 농사가 그 근본이 되고, 나라를 지키는 데 도道가 있으니 후사後嗣가 그 근본이요, 재물은 생산함에 시기가 있으니 노력이 그 근본이다."

✓ 義: 옳을 의. 爲: 될 위. 喪: 죽을 상. 紀: 실마리 기. 禮: 예절 예. 哀: 슬플 애. 戰: 싸울 전. 陣: 진칠 진. 列: 벌일 열(렬) 勇: 용감할 용. 治: 다스릴 치. 政: 정치 정. 理: 이치 리. 農: 농사 농. 居: 살 거. 嗣: 이을 사. 財: 재물 재.

✓ 後嗣: 대代를 잇는 아들이나 자식.

| 해설 |

이 구절은 『공자가어孔子家語』「육본六本」의 내용을 변형한 것이다. 그 내용은 다음과 같다.

공자가 말하였다. "자신을 행하는 것에는 6가지 근본이 있으니, 근본이 확립된 이후에 군자가 되는 것이다. 몸을 세우는 데 의義가 있으니, 효가 근본이 된다. 상사喪事에 예禮가 있으니, 슬픔이 근본이다. 전쟁터에 대열이 있으니, 용기가 근본이다. 나라를 다스리는 데 이치가 있으니, 농사가 근본이다. 나라를 지키는 데 도道가 있으니 후사後嗣가 근본이다. 재물을 생산하는 데 때가 있으니 노력이 근본이다.(孔子曰 行己有六本焉하나니 本立然後爲君子也니라 立身有義矣하니 而孝爲本이요 喪紀有禮矣하니 而哀爲本이요 戰陣有列矣하니 而勇爲本이요 治政有理矣하니 而農爲本이요 居國有道矣하니 而嗣爲本이요 生財有時矣하니 而力爲本이니라)"

2

景行錄云 爲政之要는 曰 公與淸이요
成家之道는 曰 儉與勤이니라.

『경행록』에서 말하였다. "정치[정사政事]의 요점은 공평과 청렴이요, 집을 크게 이루는 길은 검약儉約과 근면勤勉이다."

✓ 要: 중요할 요. 與: 더불 여. 淸: 맑을 청. 儉: 검소할 검. 勤: 부지런할 근.

독서 기가지본 순리
讀書는 起家之本이요 循理는
보가지본 근검 치가지본
保家之本이요 勤儉은 治家之本이요
화순 제가지본
和順은 齊家之本이니라. (3)

독서는 집을 일으키는 근본이요, 이치를 따름은 집을 잘 보존하는 근본이요, 근면과 검약은 집을 다스리는 근본이요, 화목과 순종은 집안을 가지런히 하는 근본이다.

✓ 讀: 읽을 독. 起: 일어날 기. 循: 따를 순. 和: 화할 화. 順: 순할 순. 齊: 가지런할 제.

공자삼계도운 일생지계 재어유
孔子三計圖云 一生之計는 在於幼하고
일년지계 재어춘 일일지계
一年之計는 在於春하고 一日之計는
재어인 유이불학
在於寅이니 幼而不學이면
노무소지 춘약불경 추무소망
老無所知요 春若不耕이면 秋無所望이요
인약불기 일무소판
寅若不起면 日無所辦이니라. (4)

『공자삼계도孔子三計圖』에서 말하였다. "일생의 계획은 어릴 때에 있고, 일 년의 계획은 봄에 있고, 하루의 계획은 새벽에 있다. 어려서 배우지 않으면 늙어서 아는 것이 없고, 봄에 밭 갈지 않으면 가을에 바랄 것이 없으며, 새벽에 일어나지 않으면 그 날에 할 일이 없다."

✓計: 계획 계. 圖: 도모할 도. 於: 어조사 어. 幼: 어릴 유. 春: 봄 춘. 寅: 셋째지지 인. 若: 만약 약. 耕: 밭갈 경. 秋: 가을 추. 望: 바랄 망. 起: 일어날 기. 辦: 힘쓸 판.

5

성리서운 오교지목 부자유친
性理書云 五教之目은 父子有親하며
군신유의 부부유별
君臣有義하며 夫婦有別하며
장유유서 붕우유신
長幼有序하며 朋友有信이니라.

성리서性理書에서 말하였다. "오교五教의 조목條目은 아버지와 자식 사이에는 서로 친함이 있으며, 임금과 신하 사이에는 의리가 있으며, 남편과 아내 사이에는 분별이 있으며, 어른과 어린이 사이에는 차례가 있으며, 친구 사이에는 믿음이 있는 것이다."

✓婦: 부인 부. 幼: 어릴 유. 序: 차례 서.

✓五教: 5가지 가르침, 즉 오륜五倫.

| 해설 |

오교지목五教之目은 『주자대전朱子大全』「백록동서원게시白鹿洞書院揭示」에 나오는데, 본래 『맹자孟子』「등문공상滕文公上」편에서 오륜 관련 내용이 처음 보인다.

6

三綱(삼강)은 君爲臣綱(군위신강)이요 父爲子綱(부위자강)이요 夫爲婦綱(부위부강)이니라.

삼강은 임금이 신하의 벼리근본이 됨이요, 아버지는 자식의 벼리가 됨이요, 남편은 아내의 벼리가 된다는 것이다.

✓ 綱: 벼리 강. 夫: 지아비 부.

✓ 三綱: 3가지 근본 도리. 유교의 기본 덕목으로서 상하의 관계가 아니라 왕과 신하[君臣], 아버지와 자식[父子], 남편과 아내[夫婦] 사이에 지켜야 할 상호윤리를 가리킨다.

| 해설 |

이 구절은 『백호통의白虎通義』「삼강육기三綱六紀」에서 처음 보인다.

7

<ruby>王蠋曰<rt>왕촉왈</rt></ruby> 忠臣은 不事二君이요

烈女는 不更二夫니라.

왕촉王蠋이 말하였다. "충신은 두 임금을 섬기지 않고, 열녀는 두 지아비를 섬기지 않는다."

✓ 蠋: 애벌레 촉. 事: 섬길 사. 烈: 세찰 열(렬). 更: 바꿀 경.

✓ 王蠋: 전국시대 제齊나라 사람이었는데, 자신의 나라가 연燕나라에게 멸망되자 자결하였다.

| 해설 |

이 구절은 『사기史記』 「전단전田單傳」에 있는 다음의 내용과 같다.

왕촉이 말하였다. "충신은 두 임금을 섬기지 않고, 곧은 여인은 두 지아비를 섬기지 않으니, 내가 살아서 의리가 없기보다는 진실로 삶겨 죽는 것이 낫다."(王蠋曰 忠臣은 不事二君이요 貞女는 不更二夫니 吾與其生而無義론 固不如烹하리라)

忠子曰 治官엔 莫若平이요

臨財엔 莫若廉이니라.

8

충자忠子가 말하였다. "벼슬을 다스림에는 공평한 것 만한 것이 없고, 재물에 임해서는 청렴만한 것이 없다."

✓ 官: 벼슬 관. 莫: 없을 막. 若: 같을 약. 臨: 임할 임(림). 廉: 청렴할 염(렴)

✓ 忠子: 미상未詳.

장 사 숙 좌 우 명 왈 범 어 필 충 신
張思叔座右銘曰 凡語를 必忠信하며

범 행 필 독 경 음 식 필 신 절
凡行을 必篤敬하며 飮食을 必愼節하며

자 획 필 해 정 용 모 필 단 장
字畫을 必楷正하며 容貌를 必端莊하며

의 관 필 숙 정 보 리 필 안 상
衣冠을 必肅整하며 步履를 必安詳하며

거 처 필 정 정 작 사 필 모 시
居處를 必正靜하며 作事를 必謀始하며

출 언 필 고 행 상 덕 필 고 지
出言을 必顧行하며 常德을 必固持하며

연 낙 필 중 응 견 선 여 기 출
然諾을 必重應하며 見善如己出하며

견 악 여 기 병 범 차 십 사 자
見惡如己病하라. 凡此十四者는

개 아 미 심 성 서 차 당 좌 우
皆我未深省이라 書此當座隅하여

조 석 시 위 경
朝夕視爲警하노라.

⑨ 『장사숙張思叔 좌우명座右銘』에서 말하였다. “무릇 말을 반드시 충성되고 미덥게 하며, 무릇 행실을 반드시 돈독히 하고 공경히 하며, 음식을 반드시 삼가고 알맞게 하며, 글씨를 반드시 반듯하고 바르게 쓰며, 용모를 반드시 단정하고 엄숙히 하며, 의관을 반드시 엄숙하고 바르게 하며, 걸음걸이를 반드시 편안하고 자상히 하며, 거처하는 곳을 반드시 바르고 정숙하게 하며, 일하는 것을 반드시 계획을 세워 시작하며, 말을 하는 것을 반드시 그 실행 여부를 생각해서 하며, 평상의 덕德을 반드시 굳게 가지며, 승낙하는 것을 반드시 신중히 대응하며, 선善을 보거든 자기에게서 나온 것 같이 하며, 악惡을 보거든 자기의 병인 것처럼 하라. 무릇 이 열 네 가지는 모두 내가 아직 깊이 살피지 못한 것이다. 이것을 자리의 귀퉁이에 해당하는 곳에 써 붙여 놓고 아침저녁으로 보고 경계하노라.”

✓ 張: 베풀 장. 叔: 아저씨 숙. 座: 자리 좌 銘: 새길 명. 語: 말씀 어. 篤: 독실할 독. 敬: 공경할 경. 飮: 마실 음. 愼: 삼갈 신. 節: 마디 절. 畫: 그을 획. 楷: 바를 해. 容: 모양 용. 貌: 얼굴 모. 端: 단정할 단. 莊: 엄숙할 장. 冠: 갓 관. 肅: 엄숙할 숙. 整: 가지런할 정. 步: 걸음 보. 履: 밟을 리. 詳: 자세할 상. 處: 처할 처. 靜: 고요할 정. 事: 일 사. 謀: 도모할 모. 顧: 돌아볼 고. 固: 굳을 고. 持: 가질지. 諾: 허락할 낙(락). 重: 무거울 중. 應: 응할 응. 如: 같을 여. 病: 병 병. 此: 이 차. 皆: 모두 개. 深: 깊을 심. 省: 살필 성. 書: 쓸 서. 當: 해당할 당. 隅: 귀퉁이 우. 朝: 아침 조. 視: 볼 시. 警: 경계할 경.

✓ 張思叔: 이름은 장역張繹, 자字는 사숙思叔, 북송北宋의 정씨程氏 형제의 문인門人.

| 해설 |

이 구절은 『소학小學』「가언嘉言」편에 있는 내용과 같다. 출전은 『송명신언행록宋名臣言行錄』이다.

범 익 겸 좌 우 명 왈 일 불 언 조 정 리 해 변 보 차 제
范益謙座右銘曰 一不言朝廷利害邊報差除요

이 불 언 주 현 관 원 장 단 득 실
二不言州縣官員長短得失이요

삼 불 언 중 인 소 작 과 악 지 사
三不言衆人所作過惡之事요

사 불 언 사 진 관 직 추 시 부 세
四不言仕進官職趨時附勢요

오 불 언 재 리 다 소 염 빈 구 부
五不言財利多少厭貧求富요

육 불 언 음 설 희 만 평 론 여 색
六不言淫媟戲慢評論女色이요

칠 불 언 구 멱 인 물 간 색 주 식
七不言求覓人物干索酒食이요

우 인 부 서 신 불 가 개 탁 침 체
又人附書信을 不可開坼沈滯요

여 인 병 좌 불 가 규 인 사 서
與人並坐에 不可窺人私書요

범 입 인 가 불 가 간 인 문 자
凡入人家에 不可看人文字요

범 차 인 물 불 가 손 괴 불 환
凡借人物에 不可損壞不還이요

범 끽 음 식　불 가 간 택 거 취
凡喫飮食에 不可揀擇去取요

여 인 동 처　불 가 자 택 편 리
與人同處에 不可自擇便利요

범 인 부 귀　불 가 탄 선 저 훼　범 차 수 사
凡人富貴를 不可歎羨詆毁니 凡此數事에

유 범 지 자　족 이 견 용 의 지 불 초
有犯之者면 足以見用意之不肖니

어 존 심 수 신　대 유 소 해
於存心修身에 大有所害라

인 서 이 자 경
因書以自警하노라.

(10)

『범익겸范益謙 좌우명座右銘』에서 말하였다. "첫째 조정에서의 이해와 변방으로부터의 기별소식과 관직의 임명에 대하여 말하지 말 것이요, 둘째 주현州縣 관원의 장단과 득실에 대하여 말하지 말 것이요, 셋째 여러 사람이 저지른 악한 일을 말하지 말며, 넷째 벼슬에 나아가는 것과 기회를 따라 권세에 아부하는 일에 대하여 말하지 말 것이요, 다섯째 재리의 많고 적음이나 가난을 싫어하고 부를 구하는 것을 말하지 말며, 여섯째 음탕하고 난잡한 농지거리나 여색에 대한 평론을 말하지 말 것이요, 일곱째 남의 물건을 요구하거나 주식酒食을 구하고 찾는 일을 말하지 말 것이다. 그리고 남이 편지를 부탁하거든 뜯어보거나 지체시켜서는 안 되며, 남과 함께 앉아 있으면서 남의 사사로운 글을 엿보아서는 안 되며, 무릇 남의 집에 들어가서

> 남의 문자를 보지 말며, 남의 물건을 빌었을 때 손상시키거나 돌려보내지 않아서는 안 된다. 무릇 음식을 먹음에 가려서 버리거나 취해서는 안 될 것이며, 남과 같이 있으면서 제멋대로 편리만을 가려서는 안 된다. 무릇 남의 부귀를 부러워하거나 헐뜯어서는 안 된다. 무릇 이 몇 가지 일을 범하는 자가 있으면 그 마음 씀씀이의 어질지 않음을 볼 수 있으니, 마음을 보존하고 몸을 닦는 데 크게 해로운 것이 있다. 이 때문에 이 글을 써서 스스로 경계하노라."

✓ 范: 풀이름 범. 益: 더할 익. 謙: 겸손할 겸. 廷: 조정 정. 害: 해로울 해. 邊: 변방 변. 報: 보고할 보. 差: 선택할 차. 除: 벼슬 내릴 제. 州: 고을 주. 縣: 고을 현. 員: 사람 원. 短: 짧을 단. 衆: 무리 중. 過: 허물 과. 仕: 벼슬 사. 職: 벼슬 직. 趨: 달릴 추. 附: 붙을 부. 勢: 세력 세. 厭: 싫을 염. 淫: 음란할 음. 媟: 문란할 설. 戲: 희롱할 희 慢: 거만할 만. 評: 평할 평. 覓: 찾을 멱. 干: 구할 간. 索: 찾을 색. 附: 부탁할 부. 開: 열 개. 坼: 터질 탁. 沈: 가라앉을 침. 滯: 막힐 체. 並: 나란할 병. 窺: 엿볼 규. 看: 볼 간. 借: 빌릴 차. 損: 덜 손. 壞: 무너질 괴. 還: 돌려보낼 환. 喫: 먹을 끽. 揀: 선택할 간. 擇: 선택할 택. 去: 버릴 거. 便: 편할 편. 歎: 한탄한 탄. 羨: 부러워할 선. 詆: 비난할 저. 毁: 훼방할 훼. 犯: 범할 범. 肖: 닮을 초. 害: 해로울 해. 書: 글 서. 警: 경계할 경.

✓ 范益謙: 남송南宋시대 학자인 범충范冲(1067-1141, 자는 원장元長)이라는 설이 있으나, 정확히는 알 수 없다.

✓ 差除: 차差는 벼슬을 주려고 부르는 것이며, 제除는 벼슬을 내리는 것을 말한다.

| 해설 |

이 구절은 『소학小學』「가언嘉言」편에 있는 내용과 같다. 출전은 『동래변

지록東萊辨志錄』이다.

무 왕 문 태 공 왈 인 거 세 상
武王이 問太公曰 人居世上에

하 득 귀 천 빈 부 불 등 원 문 설 지
何得貴賤貧富不等고 願聞說之하여

욕 지 시 의 태 공 왈 부 귀
欲知是矣로이다. 太公曰 富貴는

여 성 인 지 덕 개 유 천 명
如聖人之德하여 皆由天命이어니와

부 자 용 지 유 절 불 부 자
富者는 用之有節하고 不富者는

가 유 십 도
家有十盜니이다.

11

무왕武王이 태공太公에게 다음과 같이 물었다. "사람이 세상에 사는데 어찌하여 귀천과 빈부가 고르지 않을 수 있습니까? 원컨대 그 점에 대해 말씀해 주시는 것을 듣고 이를 알고자 합니다." 태공이 이렇게 대답하였다. "부귀는 성인의 덕과 같아서 다 천명에서 말미암거니와 부자는 쓰는 것이 절도가 있고 부유하지 않은 자는 집에 열 가지 도둑이 있습니다."

✓武: 무예 무. 等: 같은 등. 願: 원할 원. 欲: 하고자할 욕. 由: 말미암을 유. 盜: 도둑 도.

✓武王(B.C.1169-1116): 주周나라 문왕文王의 아들로서 이름은 발發이다. 부왕父王

의 유업을 계승하여 아우인 주공단周公旦과 협력하여 은殷나라 주왕紂王을 멸망시키고 주왕조周王朝를 건국했다.

무 왕 왈 하 위 십 도
武王曰 何謂十盜닛고

태 공 왈 시 숙 불 수 위 일 도
太公曰 時熟不收 爲一盜요

수 적 불 료 위 이 도 무 사 연 등 침 수 위 삼 도
收積不了 爲二盜요 無事燃燈寢睡 爲三盜요

용 나 불 경 위 사 도
慵懶不耕이 爲四盜요

불 시 공 력 위 오 도 전 행 교 해 위 육 도
不施功力이 爲五盜요 專行巧害 爲六盜요

양 녀 태 다 위 칠 도 주 면 나 기 위 팔 도
養女太多 爲七盜요 晝眠懶起 爲八盜요

탐 주 기 욕 위 구 도
貪酒嗜慾이 爲九盜요

강 행 질 투 위 십 도
强行嫉妬 爲十盜니이다.

(12)

무왕이 말하였다. "무엇을 열 가지 도둑이라고 합니까?" 태공이 대답하였다. "때맞게 익은 곡식을 거둬들이지 않는 것이 첫째의 도둑이요, 거두고 쌓는 일을 마치지 않는 것이 둘째의 도둑이요, 일없이 등불을 켜놓고 잠자는 것이 셋째의 도둑이요, 게을러서 밭 갈지 않는 것이 넷째의 도둑이요, 공력功力을 들

이지 않는 것이 다섯째의 도둑이요, 오로지 교활하고 해로운 일만 행하는 것이 여섯째의 도둑이요, 딸을 너무 많이 기르는 것이 일곱째의 도둑이요, 대낮에 잠자고 아침에 일어나기를 게을리 하는 것이 여덟째의 도둑이요, 술을 탐하고 욕심을 즐기는 것이 아홉째의 도둑이요, 억지로 질투하는 것이 열째의 도둑입니다."

✓ 熟: 익을 숙. 積: 쌓을 적. 了: 마칠 료. 燃: 탈 연. 燈: 등 등. 睡: 졸음 수. 晝: 낮 주. 慵 : 게으를 용. 懶: 게으를 나(라). 嗜: 즐길 기. 嫉: 질투할 질. 妬: 질투할 투.

무왕왈 가무십도이불부자 하여
武王曰 家無十盜而不富者는 何如닛고

태공왈 인가 필유삼모
太公曰 人家에 必有三耗니이다.

무왕왈 하명삼모
武王曰 何名三耗닛고

태공왈 창고루람불개
太公曰 倉庫漏濫不蓋하여

서작난식 위일모 수종실시 위이모
鼠雀亂食이 爲一耗요 收種失時 爲二耗요

포살미곡예천 위삼모
抛撒米穀穢賤이 爲三耗니이다.

13

무왕이 말하였다. "집에 열 가지 도둑이 없는데도 부유하지 못한 것은 어째서입니까?" 태공이 대답하였다. "그런 사람의 집에는 반드시 삼모三耗가 있습니다." 무왕이 말하였다. "무엇을 삼모라고 이름을 붙입니까?" 태공이 대답하였다. "창고가 새고 넘치는데도 덮지 않아 쥐와 새들이 어지럽게 먹어대는 것이 첫째의 낭비요, 거두고 씨 뿌림에 때를 놓치는 것이 둘째의 낭비요, 곡식을 버리고 흩어지게 하여 더럽히고 천하게 하는 것이 셋째의 낭비입니다."

✓ 耗: 소모할 모. 倉: 곳집 창. 庫: 곳집 고. 漏: 샐 누(루). 濫: 넘칠 남(람). 蓋: 덮을 개. 鼠: 쥐 서. 雀: 참새 작. 抛: 버릴 포. 撒: 뿌릴 살. 穢: 더러울 예.

무 왕 왈 가 무 삼 모 이 불 부 자

武王曰 家無三耗而不富者는

하 여 태 공 왈 인 가

何如닛고. 太公曰 人家에

필 유 일 착 이 오 삼 치 사 실 오

必有一錯二誤三痴四失五

역 육 불 상 칠 노 팔 천 구 우 십 강

逆六不祥七奴八賤九愚十強하여

자 초 기 화 비 천 강 앙

自招其禍요 非天降殃이니이다. 14

무왕이 물었다. "집에 삼모가 없는데도 부유하지 못한 것은 어째서입니까?" 태공이 대답하였다. "그런 사람의 집에는 반드시 일착一錯, 이오二誤, 삼치三痴, 사실四失, 오역五逆, 육불상六不祥,

칠노七奴, 팔천八賤, 구우九愚, 십강十强이 있어서 그 화를 스스로 부르는 것이요, 하늘이 재앙을 내리는 것이 아닙니다."

✓錯: 그릇될 착. 誤: 그릇될 오. 痴: 어리석을 치. 降: 내릴 강. 殃: 재앙 앙.

무 왕 왈 원 실 문 지
武王曰 願悉聞之하나이다.

태 공 왈 양 남 불 교 훈 위 일 착
太公曰 養男不教訓이 爲一錯이요

영 해 불 훈 위 이 오
嬰孩不訓이 爲二誤요

초 영 신 부 불 행 엄 훈 위 삼 치
初迎新婦不行嚴訓이 爲三痴요

미 어 선 소 위 사 실
未語先笑 爲四失이요

불 양 부 모 위 오 역
不養父母爲五逆이요

야 기 적 신 위 육 불 상
夜起赤身이 爲六不祥이요

호 만 타 궁 위 칠 노
好挽他弓이 爲七奴요

애 기 타 마 위 팔 천
愛騎他馬 爲八賤이요

끽 타 주 권 타 인 위 구 우
喫他酒勸他人이 爲九愚요

끽 타 반 명 붕 우 위 십 강
喫他飯命朋友 爲十强이니다.

무왕왈 심미성재 시언야
武王曰 甚美誠哉라 是言也여.

무왕이 말하였다. "그 내용을 다 듣기를 원합니다." 태공이 대답하였다. "아들을 기르되 가르치지 않는 것이 첫째의 잘못이요, 어린아이를 훈도하지 않는 것이 둘째의 그름이요, 새 며느리를 맞아들여 엄한 가르침을 행하지 않는 것이 셋째의 어리석음이요, 말하기 전에 먼저 웃는 것이 넷째의 과실이요, 부모를 봉양하지 않는 것이 다섯째의 거스름이요, 밤에 알몸으로 일어나는 것이 여섯째의 상서롭지 못함이요, 남의 활을 당기기를 좋아하는 것이 일곱째의 상스러움이요, 남의 말을 타기를 좋아하는 것이 여덟째의 천함이요, 남의 술을 마시면서 다른 사람에게 권하는 것이 아홉째의 어리석음이요, 남의 밥을 먹으면서 벗에게 명命하는 것이 열째의 뻔뻔함입니다." 무왕이 말하였다. "매우 아름답고 진실 하도다, 이 말씀이여."

✓ 願: 원할 원. 悉: 모두 실. 嬰: 어릴 영. 孩: 어릴 해. 迎: 맞을 영. 失: 잃을 실. 祥: 상서로울 상. 挽: 당길 만. 奴: 종 노. 騎: 말탈 기. 賤: 천할 천. 喫: 먹을 끽. 勸: 권할 권. 愚: 어리석을 우. 飯: 밥 반. 甚: 매우 심. 誠: 진실할 성. 哉: 어조사 재.

명심보감

14 치정편治政篇

정치政治에 관한 글

내용요약

•

'치정편'은 '정치에 관한 글(총 8장)'을 모아두었다. 정치의 핵심은 백성이요 국민이다. 그러므로 정치지도자는 국민을 추위와 굶주림의 고통에서 벗어나게 해야 하고, 이유 없이 부당한 대우를 받지 않는 공평한 나라를 만들기 위해 노력해야 한다. 이를 위해서는 두 가지 요소가 필요하다. 첫째, 인재를 적재적소에 등용하는 용인用人이다. 아무리 훌륭한 지도자도 국가의 모든 일을 혼자서 감당할 수는 없다. 역사적으로 태평성세太平盛世를 이룬 지도자들은 모두 인재등용에 성공한 사람들이었다. 나라에 필요한 인재人才를 발굴하여 그 능력을 제대로 발휘할 수 있게 만드는 것이야말로 지도자가 최우선적으로 해야 할 일이다. 둘째, 이재理財이다. '임금의 하늘은 백성이요, 백성의 하늘은 밥이다'라는 말이 있다. 먹거리의 문제는 한 국가의 정치에서 매우 중요한 요소이다. 국민들의 생존과 직결되기 때문이다. 이에 신뢰받는 지도자가 되기 위해서는 국민들의 경제적 안정과 물질적 풍요를 위해 노력해야 한다. 결국 정치란 국민들을 편안하게 살도록 만드는 활동이기 때문이다.

공자는 제자 자공子貢의 질문에 정치의 핵심을 경제력[足食], 군사력[足兵], 백성의 신뢰[民信之]라고 말했다. 자공은 세 가지 중 부득이하게 하나를 포기해야 한다면 무엇을 먼저 버려야 하느냐고 물었다. 공자는 군사력이라고 말했다. 이어서 자공은 남은 두 가지 중에 어쩔 수 없이 또 하나를 포기해야 한다면 무엇을 버려야 하느냐고 물었다. 이때 공자는 경제력이라고 말했다. 제자가 혹시라도 오해할까 걱정한 공자는 곧바로 이런 말을 덧붙였다. "예로부터 누구나 다 죽지만, 백성들이 믿어 주지 않는다면 설 수 없는 것이다.(『論語』·「顔淵」: 自古, 皆有死, 民無信不立.)" 경제적 안정은 국민의 생명을 지키는 중요한 요소임에 틀림없다. 그러나 공자는 먹거리만큼이나 혹은 그 이상으로 중요한 것은 국민들로부터 받는 신뢰라고 말한다. 여기에서 나온 말이 무신불립無信不立이다. '신뢰가 없으면 설 수 없다'는 뜻이다. 국민들에게 신뢰를 주지 못하는 지도자는 결국 국민을 잃게 된다는 것을 우리는 이미 역사를 통해 잘 알고 있다.

- 위에는 지시하는 이가 있고, 중간에는 이에 의하여 다스리는 관원이 있고, 그 아래에는 이에 따르는 백성이 있다. 예물로 받은 비단으로 옷을 지어 입고 곳간에 있는 곡식을 먹으니, 너희의 봉록은 다 백성들의 기름인 것이다. 아래에 있는 백성은 학대하기가 쉽지만, 위에 있는 푸른 하늘은 속이기 어렵다.
- 관리된 자가 지켜야 할 법은 오직 세 가지가 있으니 '청렴', '신중', 그리고 '근면'이다. 이 세 가지를 알면 몸가짐의 방법을 아는 것이다.

- 관직을 담당하는 자는 반드시 갑자기 성내는 것을 경계하여, 일에 옳지 않음이 있거든 마땅히 자상하게 처리하면 반드시 맞지 않음이 없으려니와, 만약 갑자기 성내는 것을 먼저 하면 단지 스스로만을 해롭게 할 뿐이지, 어찌 남을 해칠 수 있겠는가?
- 임금 섬기기를 어버이 섬기는 것 같이 하며, 벼슬의 윗사람 섬기기를 형 섬기는 것 같이하며, 동료와 함께하는 것을 집안사람 같이 하며, 여러 아전 대접하기를 자기 집 노복같이 하며, 백성을 사랑하기를 처자같이 하며, 관청의 일을 처리하기를 내 집안일처럼 하고 난 뒤에야 내 마음을 다한 것일 수 있다. 만약 털끝만큼이라도 지극하지 못함이 있으면 모두 내 마음에 다하지 못한 바가 있는 것이다.
- 도끼를 맞더라도 바르게 간하며, 솥에 넣어지더라도 말을 극진히 하면 이것을 충신이라 말한다.

명 도 선 생 왈 일 명 지 사 구 유 존 심 어 애 물
明道先生曰 一命之士 苟有存心於愛物이면
어 인 필 유 소 제
於人에 必有所濟니라.

명도선생明道先生이 말하였다. "처음으로 벼슬을 얻은 사람이 진실로 물건을 사랑하는 데 마음을 둔다면 사람에게 반드시 구제하는 바가 있다."

✓ 苟: 진실로 구. 濟: 건질 제

✓ 明道先生(1032-1085): 북송北宋 때의 대학자로서 성은 정程, 이름은 호顥, 자는 백순伯淳, 호는 명도明道. 왕안석王安石의 신법新法에 반대했으며, 동생 정이程頤와 함께 이정자二程子로 불린다.

✓ 一命之士: 옛날 벼슬의 품계는 일명一命부터 구명九命까지 있었으므로, 벼슬에 처음 임명된 낮은 벼슬아치를 가리키는 말이다.

| 해설 |

이 구절은 『소학小學』「가언嘉言」편에 있는 내용과 같다. 출전은 『이정유서二程遺書』「명도행장明道行狀」이다.

송 태 종 어 제 운 상 유 휘 지 중 유 승 지
宋太宗御製云 上有麾之하고 中有乘之하고

하 유 부 지　　　폐 백 의 지　　창 름 식 지
下有附之하여 幣帛衣之요 倉廩食之하니

이 봉 이 록　　민 고 민 지　　　하 민
爾俸爾祿이 民膏民脂니라 下民은

이 학　　　　　상 천　　난 기
易虐이어니와 上天은 難欺니라.

2

『송태종어제宋太宗御製』에서 말하였다 "위에는 지시하는 이가 있고, 중간에는 이에 의하여 다스리는 관원이 있고, 그 아래에는 이에 따르는 백성이 있다. 예물로 받은 비단으로 옷을 지어 입고 곳간에 있는 곡식을 먹으니, 너희의 봉록俸祿은 다 백성들의 기름인 것이다. 아래에 있는 백성은 학대하기가 쉽지만, 위에 있는 푸른 하늘은 속이기 어렵다."

✓ 宋: 송나라 송. 宗: 마루 종. 製: 지을 제. 麾: 부를 휘. 乘: 탈 승. 幣: 폐백 폐. 帛: 비단 백. 廩: 쌀 곳간 늠(름). 爾: 너 이. 俸: 녹 봉. 膏: 기름 고. 脂: 기름 지. 虐: 사나울 학.

✓ 宋太宗: 본래 오대五代시대 후촉後蜀의 군주 맹창孟昶이 지은 것인데, 송태종宋太宗이 이 중에서 '爾俸爾祿, 民膏民脂, 下民易虐, 上天難欺.'의 16자를 직접 써서 각 지방의 청사 앞에 세워 수령守領들을 경계하였기 때문에 계석戒石 혹은 계석명戒石銘이라 하였다. 이후 송태종의 어제御製[임금이 지은 글]로 알려졌다.

동 몽 훈 왈　당 관 지 법　　유 유 삼 사
童蒙訓曰 當官之法이 唯有三事하니

왈 청 왈 신 왈 근 지 차 삼 자

曰清 曰愼 曰勤이니 知此三者면

즉 지 소 이 지 신 의

則知所以持身矣니라.

3

『동몽훈童蒙訓』에서 말하였다. "관리된 자가 지켜야 할 법은 오직 세 가지가 있으니 '청렴', '신중', 그리고 '근면'이다. 이 세 가지를 알면 몸가짐의 방법을 아는 것이다."

✓ 蒙: 어릴 몽. 持 : 가질 지.

✓ 童蒙訓: 송宋나라 때 여본중呂本中(1084–1145, 초명은 대중大中, 자는 거인居仁, 호는 동래선생東萊先生)이 지은 책.

당 관 자 필 이 폭 노 위 계

當官者는 必以暴怒爲戒하여

사 유 불 가 당 상 처 지

事有不可어든 當詳處之면

필 무 부 중 약 선 폭 노

必無不中이어니와 若先暴怒면

지 능 자 해 기 능 해 인

只能自害라 豈能害人이리오.

4

관직을 담당하는 자는 반드시 갑자기 성내는 것을 경계하여, 일에 옳지 않음이 있거든 마땅히 자상하게 처리하면 반드시 맞지 않음이 없으려니와, 만약 갑자기 성내는 것을 먼저 하면 단지 스스로만을 해롭게 할 뿐이지, 어찌 남을 해칠 수 있겠는가?

✓ 暴: 갑자기 폭. 中: 맞을 중. 只: 다만 지.

✓ 暴怒: 폭暴은 갑자기라는 뜻으로서 '일을 살펴보지 않고 갑자기 성냄'을 가리키는 말이다.

사군 여사친 사관장
事君을 如事親하며 事官長을

여사형 여동료 여가인
如事兄하며 與同僚를 如家人하며

대군리 여노복 애백성
待羣吏를 如奴僕하며 愛百姓을

여처자 처관사 여가사연후
如妻子하며 處官事를 如家事然後에

능진오지심 여유호말부지
能盡吾之心이니 如有毫末不至면

개오심 유소미진야
皆吾心에 有所未盡也니라.

5

임금 섬기기를 어버이 섬기는 것 같이 하며, 벼슬의 윗사람 섬기기를 형 섬기는 것 같이하며, 동료와 함께하는 것을 집안사람 같이 하며, 여러 아전衙前 대접하기를 자기 집 노복奴僕같이 하며, 백성을 사랑하기를 처자같이 하며, 관청官廳의 일을 처리하기를 내 집안일처럼 하고 난 뒤에야 내 마음을 다한 것일 수 있다. 만약 털끝만큼이라도 지극하지 못함이 있으면 모두 내 마음에 다하지 못한 바가 있는 것이다.

✓ 僚: 동료 요(료). 羣: 무리 군. 僕: 종 복. 盡: 다할 진. 毫: 터럭 호. 末: 끝 말. 皆: 다 개.

6

혹문 부 좌령자야 부소욕위
或問 簿는 佐令者也니 簿所欲爲를
영혹부종 내하 이천선생왈
令或不從이면 奈何닛고 伊川先生曰
당이성의동지 금령여부불화
當以誠意動之니라. 今令與簿不和는
변시쟁사의 영 시읍지장
便是爭私意요 令은 是邑之長이니
약능이사부형지도 사지
若能以事父兄之道로 事之하여
과즉귀기 선즉유공불귀어령
過則歸己하고 善則唯恐不歸於令하여
적차성의 기유부동득인
積此誠意면 豈有不動得人이리오.

어떤 사람이 물었다. "부簿은 령令[현령縣令: 현의 책임자]을 보좌하는 자입니다. 부簿가 하고자 하는 바를 령令이 혹시 따르지 않으면 어떻게 합니까?" 이천伊川 선생이 대답하였다. "마땅히 성의로써 그를 움직여야 할 것이다. 이제 령令과 부簿가 화목하지 않는 것은 곧 사사로운 마음으로 다투어서이다. 령令은 고을의 장관이니 만약 부형父兄을 섬기는 도리로 섬겨서, 잘못은 자신에게로 돌리고 잘한 것은 행여 령令에게로 돌아가지 않을까 두려워해서, 이와 같은 성의誠意를 쌓는다면 어찌 사람을 감동시키지 못함이 있겠는가?"

✓ 簿: 문서 부, 다스릴 부. 佐: 도울 좌. 令: 현령 령. 奈: 어찌 내. 伊: 저 이. 爭: 다툴 쟁. 邑: 고을 읍. 積: 쌓을 적.

✓ 伊川: 북송北宋 때의 유학자인 정이程頤(1033-1107)의 호號. 정이의 형인 정호程顥(1032-1085, 호는 명도明道)와 함께 주렴계周濂溪에게 학문을 배워 유학을 발전시켰으며, 보통은 형과 함께 이정자二程子로 불린다. 정씨 형제의 학설을 정학程學이라고 하며, 주자朱子의 학설과 함께 정주학程朱學으로 일컬어진다.

유안례문임민 명도선생왈 사민

劉安禮問臨民한대 明道先生曰 使民으로

각득수기정 문어리

各得輸其情이니라. 問御吏한대

왈 정기이격물

曰 正己以格物이니라.

7 유안례劉安禮가 백성에 임하는 도리를 묻자, 명도明道 선생이 말하였다. "백성으로 하여금 각각 그들의 뜻을 펼 수 있도록 하는 것이다." 아전을 거느리는 도리를 묻자, 대답하였다. "자기를 바르게 함으로써 남을 바르게 하는 것이다."

✓ 劉: 성씨 유(류). 輸: 다할 수. 御: 어거할 어. 吏: 관리 이(리). 格: 바를 격.

✓ 劉安禮: 북송北宋 때의 사람, 자는 원소元素.

포 박 자 왈 영 부 월 이 정 간
抱朴子曰 迎斧鉞而正諫하며
거 정 확 이 진 언 차 위 충 신 야
據鼎鑊而盡言이면 此謂忠臣也이니라. 8

『포박자抱朴子』에서 말하였다. "도끼를 맞더라도 바르게 간하며, 솥에 넣어지더라도 말을 극진히 하면 이것을 충신이라 말한다."

✓ 抱: 안을 포. 斧: 도끼 부. 鉞: 도끼 월. 諫: 간할 간. 據: 웅거할 거. 鼎: 솥 정. 鑊: 가마솥 확.

✓ 抱朴子: 동진東晉시대에 활동한 갈홍葛洪(283-343)이 지은 신선술神仙術과 불로장생不老長生의 비법을 전한 도교道教 서적. 갈홍의 호號가 포박자이기 때문에 책 이름도 포박자로 정했다.『포박자』「내편內篇」은 신선술神仙術 등을 설명한 것으로 도가道家의 영향을 받았으며,「외편外篇」은 시세時世의 득실得失이나 인사人事의 가부可否 등을 설명한 것으로 황노학黃老學의 영향을 받았다.

| 해설 |

이 구절은『포박자』「외편」에 있는 내용과 유사하다. 그 내용은 다음과 같다.

"잘못을 바로잡고 임금을 보필하다가 뜻을 거스르는 사람은 사직社稷의 경骾(목에 걸린 가시)같은 사람이니 반드시 장차 도끼에 맞아 죽음을 당하더라도 바르게 간諫하며 솥에 넣어 죽게 되더라도 말을 다하되, 충성스러운데도 의심을 받고 간쟁諫諍해도 들어주지 않으면 추방을 기다릴 만하다.(匡過弼違者는 社稷之骾也니 必將伏斧鑕而正諫하며 據鼎鑊而盡言하되 忠而見疑하고 諍而不得者는 待放可也니라)"

명심보감

15 치가편治家篇

집안을 다스리는 글

내용요약

•

'치가편'은 '집안을 다스리는 글(총 8장)'을 모아두었다. 『대학大學』에 보면, 옛날 속담을 인용하여 "사람들은 그 자식의 악함을 알지 못하며, 그 싹의 자라남을 알지 못한다.(傳八章: 人莫知其子之惡, 莫知其苗之碩.)"라는 구절이 있다. 어떤 대상과 가까이 있는 사람이 오히려 그것을 제대로 보지 못한다는 말이다. 부모들은 자식을 전적으로 아끼고 사랑하기 때문에 자식의 잘못을 제대로 보지 못하는 경우가 많다. 자식을 긍정적인 시각으로 보는 것은 권장할 만한 일이다. 그러나 자식을 객관적으로 볼 수 없다면 그 역시 심각한 문제가 될 수 있다. 예를 들어 자식에게 어떤 문제가 발생했을 때, 그 원인을 항상 외부에서만 찾는다면 그 문제는 영영해결하지 못할 수도 있다. 이 때문에 자녀의 문제는 부모의 문제와 밀접하게 관련되어 있다. 『대학』에서는 제가齊家를 잘하기 위해서는 먼저 가장家長의 수신修身이 전제되어야 한다고 말한다. 여기에서 나온 말이 바로 수신제가치국평천하修身齊家治國平天下이다.

맹자는 "사람은 반드시 스스로 자신을 업신여긴 뒤에 남이 그를 업신여기며, 집안은 반드시 스스로 망친 뒤에 남이 그 집안을 패망시키며, 나라는 반드시 스스로 싸운 뒤에 남이 그 나라를 공격한다.(『孟子』·「離婁上」: 夫人必自侮然後, 人侮之, 家必自毁而後, 人毁之, 國必自伐而後, 人伐之.)"라고 말한다. 이것은 남들이 자신을 업신여기는 이유가 내 자신에게 있으며, 한 집안이 망하는 이유가 그 집안사람들에게 있고, 나라가 외적의 공격을 받는 이유가 내부의 다툼 때문이라는 뜻이다. 결국 문제의 원인을 외부에서만 찾을 것이 아니라 내부에서도 찾아야 한다는 것이다. 스스로를 돌아보고 그동안 자신이 했던 일을 반성하고 성찰하는 것이 수신修身이요, 그것이 바로 치가治家의 출발점인 것이다.

- 무릇 손아래 사람들은 일의 크고 작음이 없이 제멋대로 행동하지 말고 반드시 가장에게 여쭈어야 한다.
- 손님을 접대함에는 풍성하게 하지 않을 수 없으며, 가정을 다스림에는 검소하지 않을 수 없다.
- 어리석은 사람은 아내를 두려워하고, 어진 여자는 남편을 공경한다.
- 자식이 효도하면 어버이가 즐겁고, 집안이 화목하면 모든 일이 이루어진다.
- 때때로 불이 나는 것을 막고, 밤마다 도적이 오는 것을 방비하라.
- 아침저녁의 이르고 늦음을 보아서 그 사람의 집이 흥하고 쇠함을 알 수 있다.
- 혼인하고 장가드는 데 재물을 논하는 것은 오랑캐의 도리이다.

사 마 온 공 왈　범 제 비 유　사 무 대 소
司馬溫公曰 凡諸卑幼 事無大小히
무 득 전 행　　　필 자 품 어 가 장
毋得專行하고 必咨稟於家長이니라.

①

사마온공司馬溫公이 말하였다. "무릇 손아래 사람들은 일의 크고 작음이 없이 제멋대로 행동하지 말고 반드시 가장家長에게 여쭈어야 한다."

✓ 司: 맡을 사. 諸: 모두 제. 毋: 말 무. 專: 오로지 전. 咨: 물을 자. 稟: 여쭐 품.

대 객　　부 득 불 풍
待客엔 不得不豐이요
치 가　　부 득 불 검
治家엔 不得不儉이니라.

②

손님을 접대함에는 풍성하게 하지 않을 수 없으며, 가정을 다스림에는 검소하지 않을 수 없다.

✓ 待: 접대할 대. 豐: 풍성할 풍.

3

태공왈 치인 외부
太公曰 癡人은 畏婦하고

현녀 경부
賢女는 敬夫니라.

태공이 말하였다. "어리석은 사람은 아내를 두려워하고, 어진 여자는 남편을 공경한다."

✓癡: 어리석을 치. 畏: 두려울 외.

4

범사노복 선념기한
凡使奴僕에 先念飢寒이니라.

무릇 노복奴僕을 부림에는 먼저 배고픔과 추위를 생각하라.

✓使: 부릴 사. 僕: 종 복. 飢: 주릴 기. 寒: 찰 한.

5

자효쌍친락 가화만사성
子孝雙親樂이요 家和萬事成이니라.

자식이 효도하면 어버이가 즐겁고, 집안이 화목하면 모든 일이 이루어진다.

✓ 雙: 쌍 쌍. 親: 어버이 친. 樂: 즐거울 낙(락). 家: 집 가. 和: 화할 화. 萬 : 일만 만. 事: 일 사. 成: 이룰 성.

시 시 방 화 발 야 야 비 적 래
時時防火發하고 夜夜備賊來니라.

6

때때로 불이 나는 것을 막고, 밤마다 도적이 오는 것을 방비하라.

✓ 防: 막을 방. 備: 갖출 비. 賊: 도둑 적.

경 행 록 운 관 조 석 지 조 안
景行錄云 觀朝夕之早晏하여
가 이 복 인 가 지 흥 체
可以卜人家之興替니라.

7

『경행록』에서 말하였다. "아침저녁의 이르고 늦음을 보아, 그 사람의 집이 흥하고 쇠함을 알 수 있다."

✓ 觀: 볼 관. 晏: 늦을 안. 替: 폐할 체.

8

문 중 자 왈 혼 취 이 논 재
文中子曰 婚娶而論財는
이 로 지 도 야
夷虜之道也니라.

문중자文中子가 말하였다. "혼인하고 장가드는 데 재물을 논하는 것은 오랑캐의 도이다."

✓ 婚: 혼인 혼. 娶: 장가들 취. 夷: 오랑캐 이. 虜: 오랑캐 노(로).

✓ 文中子: 중국 수隋나라의 사상가로서 당나라 왕발王勃의 조부祖父인 왕통王通(584-617: 자는 중엄仲淹)이 죽은 후 그의 제자들이 지어준 시호諡號이다. 왕통의 제자들은 『주역周易』 곤괘坤卦의 육오효六五爻에서 "상전에서 말하였다. 황색 치마처럼 하면 크게 길함은 문채文彩가 가운데 있는 것이다."(象曰 黃裳元吉은 文在中也라)는 구절을 참고하여 '문중文中'이란 시호를 지었다. 왕통은 어려서부터 시詩·서書·예禮·역易에 통달하였으며, 스스로 유자儒者임을 자부하고 강학講學과 제자양성에 힘써 두여회杜如晦·위징魏徵 등 훌륭한 제자들을 배출했다. 저서로는 『문중자文中子』(10권)이 있다.

명심보감

16 안의편安義篇

의리義理에 편안한 글

내용요약

•

'안의편'은 '의리에 편안한 글(총 3장)'을 모아두었다. 혼란한 시대를 산다는 것은 예나 지금이나 쉬운 일이 아니다. 이 때문에 예로부터 사람들은 현명한 처세술을 알기 원했다. 『논어』에 나오는 몇 가지 처세에 관한 이야기를 살펴보자.

공자는 제자 남용南容에 대해 "나라에 도道가 있으면 버려지지 아니하며, 나라에 도가 없으면 형벌을 면할 것이다.(『論語』·「公冶長」: 子謂南容, 邦有道, 不廢, 邦無道, 免於刑戮.)"라고 평가하고 자기 형의 딸과 혼인시켰다. 남용을 조카사위로 삼은 것이다. 이를 통해 남용은 능력도 있고 언행에도 매우 신중한 사람이었음을 짐작할 수 있다. 또한 공자는 위衛나라 대부 영무자甯武子의 처세를 높이 평가하며 "영무자는 나라에 도道가 있으면 지혜롭고 나라에 도가 없으면 어리석으니, 그 지혜는 따를 수 있으나 그 어리석음은 따를 수 없다.(『論語』·「公冶長」: 甯武子, 邦有道則知, 邦無道則愚, 其知可及也, 其愚不可及也.)"고 말했다. 영무자가 문공文公 때에 관직에 올라 능력을 발

휘했던 것은 당시 나라에 도가 있기 때문이었다. 그러나 그 뒤를 이은 성공成公 때에는 바른 도가 행해지지 않았다. 이 때 영무자는 신하로서 목숨을 바쳐 임금의 마음을 돌이키려 노력했다. 이런 영무자에 대해 공자는 그의 지혜는 따를 수 있지만, 그의 어리석어 보이는 충성은 그 누구도 감히 따라할 수 없다고 극찬하고 있는 것이다.

공자는 "나라에 도가 있을 때는 가난하고 천한 것이 부끄러우며, 나라에 도가 없을 때는 부귀한 것이 부끄럽다.(『論語』·「泰伯」: 邦有道, 貧且賤焉, 恥也, 邦無道, 富且貴焉, 恥也.)"고 말한다. 정의가 실현되는 시대에 능력이 없어서 가난하고 천한 신세가 되는 것은 부끄러운 일이지만, 혼란한 시대에 부정한 세력과 결탁하여 부귀한 생활을 누리는 것 역시 역사의 부끄러움이 될 것이라는 경고를 담고 있는 말이다. 이런 공자의 처세법은 부끄러움에 대해 묻는 제자 자사子思에게 "나라에 도가 있을 때에 녹봉만 받아먹으며, 나라에 도가 없을 때에도 녹봉만 받아먹는 것이 부끄러운 일이다(『論語』·「憲問」: 邦有道穀, 邦無道穀, 恥也.)"라고 말한 것에서도 알 수 있다. 공자는 나라가 혼란한데도 공직에 있으면서 어떠한 역할도 하지 못한 채 월급만 받아먹는 것은 한갓 자리만 탐내는 부끄러운 일이라고 말한다.

- 사람이 있은 후에 부부가 있고, 부부가 있은 후에 부자가 있고 부자가 있은 뒤에 형제가 있나니, 한 집의 친한 관계는 이 세 가지 뿐이다. 이로부터 나아가 구족에 이르기까지 모두 이 삼친[부부·부자·형제]에 근본한다. 그러므로 인륜에 있어서 가장 중요한 것이니 돈독하게 하지 않을 수 없다.
- 형제는 수족이 되고 부부는 의복이 되니, 의복이 떨어졌을 때

는 새 것으로 갈아입을 수 있지만 수족이 잘라진 곳은 잇기가 어렵다.

• 부유해도 가까이하지 않으며 가난해도 멀리하지 않음 이것이 바로 인간으로서의 대장부요, 부유하면 나아가고 가난해지면 멀리하는 것 이는 인간 중에 참으로 소인배이다.

안 씨 가 훈 왈　부 유 인 민 이 후
顔氏家訓曰 夫有人民而後에

유 부 부　유 부 부 이 후
有夫婦하고 有夫婦而後에

유 부 자　유 부 자 이 후　유 형 제
有父子하고 有父子而後에 有兄弟하니

일 가 지 친　차 삼 자 이 이 의
一家之親은 此三者而已矣라

자 자 이 왕　지 우 구 족
自玆以往으로 至于九族히

개 본 어 삼 친 언　고　어 인 륜
皆本於三親焉이라 故로 於人倫에

위 중 야　부 가 불 독
爲重也니 不可不篤이니라.

1

『안씨가훈顔氏家訓』에서 말하였다. "사람이 있은 후에 부부夫婦가 있고, 부부가 있은 후에 부자父子가 있고 부자가 있은 뒤에 형제兄弟가 있나니, 한 집의 친한 관계는 이 세 가지뿐이다. 이로부터 나아가 구족九族에 이르기까지 모두 이 삼친三親[부부·부자·형제]에 근본한다. 그러므로 인륜에 있어서 가장 중요한 것이니 돈독하게 하지 않을 수 없다."

✓ 顔: 얼굴 안. 玆: 이 자(=此). 族: 겨레 족. 倫: 인륜 윤(륜). 篤: 도타울 독.

✓ 顔氏家訓: 제齊나라 안지추顔之推가 지었으며 2권으로 되어 있는 가훈서家訓書.

✓ 九族: 고조高祖 이하 고손高孫까지의 모든 친척.

장 자 왈 형 제 위 수 족 부 부
莊子曰 兄弟는 爲手足하고 夫婦는
위 의 복 의 복 파 시 갱 득 신
爲衣服이니 衣服破時엔 更得新이어니와
수 족 단 처 난 가 속
手足斷處엔 難可續이니라. ②

장자가 말하였다. "형제는 수족手足이 되고 부부는 의복이 되니, 의복이 떨어졌을 때는 새 것으로 갈아입을 수 있지만 수족이 잘라진 곳은 잇기가 어렵다."

✓莊: 풍성할 장. 弟: 아우 제. 爲: 될 위. 夫: 지아비 부. 婦: 아내 부. 衣: 옷 의. 服: 옷 복. 破: 깨뜨릴 파. 更: 다시 갱. 得: 얻을 득. 新: 새로울 신. 斷: 끊을 단. 處: 곳 처. 難: 어려울 난. 續: 이을 속.

소 동 파 운 부 불 친 혜 빈 불 소
蘇東坡云 富不親兮貧不疎는
차 시 인 간 대 장 부 부 즉 진 혜 빈 즉 퇴
此是人間大丈夫요 富則進兮貧則退는
차 시 인 간 진 소 배
此是人間眞小輩니라. ③

소동파가 말하였다. "부유해도 가까이하지 않으며 가난해도 멀리하지 않음 이것이 바로 인간으로서의 대장부요, 부유하면 나아가고 가난해지면 멀리하는 것 이는 인간 중에 참으로 소인배小人輩이다."

✓ 蘇: 소생할 소. 坡: 언덕 파. 疎: 성글 소. 丈: 어른 장. 輩: 무리 배.

17 준례편遵禮篇

예禮를 따르는 글

내용요약

•

'준례편'은 '예를 따르는 글(총 7장)'을 모아두었다. 인간은 사회적 동물이다. 우리는 세상에 태어나면서부터 혼자가 아니다. 나이가 들어가면서 인간관계는 점차 확장되고 복잡해진다. 인생은 인간관계의 연속이기 때문이다. 인간관계를 원만하게 만들기 위해 필요한 것 중 하나가 바로 예절이다. 예절은 예의범절禮儀凡節의 줄임말이다. 예의란 인간을 존중하고 사회질서를 유지하기 위한 규칙·관례이며, 범절이란 모든 일의 순서·절차를 말한다. 그러므로 예절이란 인간 존중의 마음을 실현하기 위한 규칙의 순서와 절차를 의미한다. 우리가 무심코 사용하는 '무례無禮하다'는 말도 예절과 관련된 말이다. 이밖에도 차례茶禮, 혼례婚禮, 장례葬禮, 제례祭禮, 통과의례通過儀禮, 허례허식虛禮虛飾, 동방예의지국東方禮儀之國 등 예와 관련된 말이 생각보다 많다. 이처럼 예는 인간생활과 밀접한 관련이 있다.

『예기』에는 "도덕인의道德仁義는 예禮가 아니면 이루어지지 않는다. 가르치고 풍속을 바르게 하는 것도 예가 아니면 갖추어지지 않는다.

분쟁을 해결하고 소송을 판결하는 것도 예가 아니면 가려지지 않는다. 임금과 신하, 윗사람과 아랫사람, 부모와 자식, 형과 동생도 예가 아니면 정해지지 않는다. 벼슬함과 학문을 할 때, 스승을 모시는 것도 예가 아니면 가까워질 수 없다. 조정朝廷에서 자리를 정하고 군대를 지휘하며, 관직에 거하고 법을 집행할 때에도 예가 아니면 위엄이 서지 않는다. 사당祠堂에 기도하고 제사지내며 귀신에게 제물을 바치는 것도 예가 아니면 정성이 이루어지지 않고 장엄하지 못하다. 그러므로 군자는 공경하고 절도를 지키고 사양하고 겸손하여 예를 밝히는 것이다.(『禮記』·「曲禮上」: 道德仁義, 非禮不成. 敎訓正俗, 非禮不備. 分爭班訟, 非禮不決. 君臣上下父子兄弟, 非禮不定. 宦學事師, 非禮不親. 班朝治軍, 涖官行法, 非禮威嚴不行. 禱祠祭祀, 供給鬼神, 非禮不誠不莊. 是以君子, 恭敬撙節退讓, 以明禮.)"라는 구절이 있다. 세상만사가 모두 예禮에 기초하고 있다는 말이다. 이처럼 예를 따른다는 것은 인간을 존중하며 사회질서의 준수를 의미한다. 공자가 예禮의 조목에 대해 묻는 안연에게 "예가 아니면 보지 말고, 예가 아니면 듣지 말며, 예가 아니면 말하지 말고, 예가 아니면 행하지 말라.(『論語』·「顔淵」: 非禮勿視, 非禮勿聽, 非禮勿言, 非禮勿動.)"고 말한 것도 이와 같은 맥락이다.

- 집안에 예가 있어서 어른과 어린이가 변별되고, 안방에 예가 있어서 삼족이 화목하고, 조정에 예가 있어서 벼슬의 차례가 있고, 사냥하는 데 예가 있어서 군대의 일이 숙달되고, 군대에 예가 있어서 무공이 이루어진다.
- 군자가 용맹만 있고 예절이 없으면 난리를 일으키고, 소인이 용

맹만 있고 예절이 없으면 도둑질을 한다.

- 조정에는 벼슬만한 것이 없고, 마을에는 나이만한 것이 없으며, 세상을 돕고 백성을 다스리는 데는 덕만한 것이 없다.
- 늙은이와 젊은이, 어른과 아이는 하늘이 정한 차례이니, 이치를 어기고 도를 해쳐서는 안 된다.
- 문을 나갈 때는 큰손님을 만나는 것과 같이 하고, 방으로 들어갈 때는 사람이 있는 것과 같이 하라.
- 만약 남이 나를 존중하기를 바란다면, 내가 먼저 남을 존중하는 것보다 좋은 것이 없다.
- 아버지는 아들의 덕을 말하지 않으며, 자식은 아버지의 허물을 말하지 않는 법이다.

자왈 거가유례고 장유변
子曰 居家有禮故로 長幼辨하고
규문유례고 삼족화 조정유례고
閨門有禮故로 三族和하고 朝廷有禮故로
관작서 전렵유례고 융사한
官爵序하고 田獵有禮故로 戎事閑하고
군여유례고 무공성
軍旅有禮故로 武功成이니라.

① 공자가 말하였다. "집안에 예禮가 있어서 어른과 어린이가 변별辨別되고, 안방에 예가 있어서 삼족三族이 화목하고, 조정朝廷에 예가 있어서 벼슬의 차례가 있고, 사냥하는 데 예가 있어서 군대의 일이 숙달되고, 군대에 예가 있어서 무공武功이 이루어진다."

✓ 居: 거할 거. 辨: 분별할 변. 閨: 안방 규. 族: 겨레 족. 廷: 조정 정. 爵: 벼슬 작. 獵: 사냥할 엽(렵). 戎: 군대 융. 閑: 익숙할 한. 旅: 군대 여(려). 武: 무예 무.

✓ 閨門: 부녀婦女가 거처居處하는 곳[안방].

✓ 三族: 3가지 친족親族으로서 ①부모父母, 형제兄弟, 처자妻子 ②부父, 자子, 손孫 ③부계父系[본가本家], 모계母系[외가外家], 처계妻系[처가妻家] 등을 가리키는데, 본문에서는 모든 가족을 지칭한다.

| 해설 |

이 구절은 『예기禮記』「중니연거仲尼燕居」편에 있는 다음의 구절과 비슷하다. 공자가 말하였다. "교사郊社의 뜻과 상체嘗禘의 예禮에 밝다면 나라를 다스리는 일은 마치 손바닥 위를 가리키는 것과 같은 것이다. 이 때문에 이것을 쓰면 거처함에 예가 있어서 어른과 어린이가 변별되고, 이것을 쓰면 안방에 예가 있어서 삼족이 화목하고, 이것을 쓰면 조정에 예가 있어서 벼슬의 차례가 있고, 이것을 쓰면 사냥하는 데 예가 있어서 군대의 일이 숙달되고, 이것을 쓰면 군대에 예가 있어서 무공武功이 이루어진다."(子曰 明乎郊社之義와 嘗禘之禮면 治國이 其如指諸掌而已乎인저 是故로 以之居處有禮故로 長幼辨也하며 以之閨門之內有禮故로 三族和也하며 以之朝廷有禮故로 官爵序也하며 以之田獵有禮故로 戎事閑也하며 以之軍旅有禮故로 武功成也하나니라)

자왈 군자유용이무례 위난
子曰 君子有勇而無禮면 爲亂하고
소인유용이무례 위도
小人有勇而無禮면 爲盜니라.

2

공자가 말하였다. "군자가 용맹勇猛만 있고 예절禮節이 없으면 난리亂離를 일으키고, 소인이 용맹만 있고 예절이 없으면 도둑질을 한다."

✓勇: 용기 용. 禮: 예절 예(례). 爲: 할 위. 亂: 어지러울 난(란). 盜: 훔칠 도.

| 해설 |

이 구절은 『논어論語』「양화陽貨」편에 있는 다음의 구절과 비슷하다.

자로가 말하였다. "군자가 용맹을 숭상합니까?" 공자가 말하였다. "군자는 의를 으뜸으로 삼는다. 군자가 용맹만 있고 의가 없으면 난리를 일으키고, 소인이 용맹만 있고 의가 없으면 도적질을 할 것이다."(子路曰 君子尙勇乎잇가 子曰 君子義以爲上이니 君子有勇而無義면 爲亂이요 小人이 有勇而無義면 爲盜니라)

3

증자왈 조정 막여작 향당
曾子曰 朝廷엔 莫如爵이요 鄕黨엔

막여치 보세장민 막여덕
莫如齒요 輔世長民엔 莫如德이니라.

증자曾子가 말하였다. "조정에는 벼슬만한 것이 없고, 마을에는 나이만한 것이 없으며, 세상을 돕고 백성을 다스리는 데는 덕德만한 것이 없다."

✓ 曾: 일찍 증. 朝: 조정 조. 廷: 조정 정. 莫: 없을 막. 如: 같을 여. 爵: 벼슬 작. 鄕: 시골 향. 黨: 무리 당. 齒: 나이 치. 輔: 도울 보. 世: 세상 세. 德: 덕 덕.

✓ 曾子: 춘추시대 노나라 사람, 공자의 제자로서 이름은 삼參, 자는 자여子輿. 『대학大學』과 『효경孝經』을 지음.

✓ 鄕黨: 시대에 따라 약간의 차이가 있으나 향鄕은 대략 12,500 가구의 마을을 가리키며, 당黨은 500 가구의 마을을 가리킨다. 흔히 '작은 마을'을 뜻하는 말로 한 단어로 사용한다.

| 해설 |

이 구절은 『맹자孟子』「공손추하公孫丑下」편에 있는 다음의 구절과 비슷하다. 다만, 『맹자』에서는 맹자의 말로 기록되어 있으나, 여기에서는 증자가 한 말로 되어 있다.

"천하에 어디에서나 높은 것이 세 가지가 있으니, 관작이 하나이고, 나이가 하나이고, 덕이 하나이다. 조정에는 벼슬만한 것이 없고, 마을에는 나이만한 것이 없으며, 세상을 돕고 백성을 다스리는 데는 덕만한 것이 없으니, 어찌 그 한 가지를 소유하고서 둘을 가진 사람을 업신여길 수 있겠는가?"(天下에 有達尊이 三이니 爵一齒一德一이니 朝廷엔 莫如爵이요 鄕黨엔 莫如齒요 輔世長民엔 莫如德이니라 惡得有其一하여 以慢其二哉리오)

4

노소장유 천분질서

老少長幼는 天分秩序니

불가패리이상도야

不可悖理而傷道也니라.

늙은이와 젊은이, 어른과 아이는 하늘이 정한 차례이니, 이치를 어기고 도道를 해쳐서는 안 된다.

✓秩: 차례 질. 悖: 어그러질 패. 傷: 해칠 상.

5

출문　　여견대빈
出門에 如見大賓하고
입실　　여유인
入室에 如有人이니라.

문을 나갈 때는 큰손님을 만나는 것과 같이 하고, 방으로 들어갈 때는 사람이 있는 것과 같이 하라.

✓賓: 손님 빈. 室: 집 실.

| 해설 |

'出門如見大賓'은 『논어論語』「안연顔淵」편에 있는 구절이다. 자세한 내용은 〈12-34〉 참조.

6

약요인중아　　무과아중인
若要人重我인대 無過我重人이니라.

만약 남이 나를 존중하기를 바란다면, 내가 먼저 남을 존중하는 것보다 좋은 것이 없다.

✓若: 만약 약. 要: 구할 요. 重: 존중할 중.

7

부 불 언 자 지 덕　　　자 부 담 부 지 과
父不言子之德하며 子不談父之過니라.

아버지는 아들의 덕을 말하지 않으며, 자식은 아버지의 허물을 말하지 않는 법이다.

✓德: 덕 덕. 談: 말씀 담. 過: 허물 과.

명심보감

18 언어편言語篇

언어에 관한 글

내용요약

•

'언어편'은 '언어에 관한 글(총 7장)'을 모아두었다. 언어와 문자를 사용하여 문화를 계승하는 동물은 지구상에서 인간이 유일하다. 인류 문명이 지금까지 발전할 수 있던 것도 언어와 문자 덕분이다. 특히, 언어는 의사소통의 중요한 수단이다. 인간은 자신의 생각과 감정을 주로 언어로 전달하고, 말을 통해 서로의 지식과 정보를 소통한다. 그런데 생활하다보면 무심코 던진 말 한 마디 때문에 수 십 년간 쌓아온 정情과 덕德이 한 순간에 무너질 때가 있다. 서로에게 상처가 되는 말 한 마디 때문에 큰 소동이 벌어진 후에 깨닫는 경우도 종종 있다. 그럼, 어떻게 해야 말로 인한 실수를 줄이고 남들에게 힘이 되는 말을 할 수 있을까?

"말 한마디로 천 냥 빚을 갚는다."는 속담이 있다. 얼마나 좋은 말이기에 이처럼 큰 빚을 갚을 수 있다는 말인가? 그런데 다시 생각해보면, 이 속담에 단지 긍정적인 의미만 있는 것은 아니다. 말 한마디로 천 냥 빚을 갚을 수 있다면, 반대로 말 한마디로 천 냥 빚을 질수도 있기 때문이다. 이 때문에 군평君平은 "입과 혀는 재앙과 근심의 문이요, 몸을 망치는 도끼이다."라고 경고한다. 평소에 내뱉기 쉬운 말 한마디가 얼마나 중요한지를 새삼 깨닫게 하는 말이다.

예로부터 "사람을 이롭게 하는 말은 솜과 같이 따뜻하고, 사람을 해치는 말은 가시처럼 날카롭다."고 말한다. 그리고 "한 마디 말이 이치에 맞지 않으면, 천 마디 말도 쓸모가 없다."는 말도 있다. 이러한 선현들의 조언을 다시 한 번 마음에 새겨 둘 필요가 있다. 가능한 이치에 맞는 말을 하도록 노력하고, 상대방의 단점을 비난하는 말보다는 상대방의 장점을 칭찬하는 말을 할 수 있도록 지금 이 순간부터 노력해 보자.

- 말이 이치에 맞지 않으면, 말하지 아니함만 못하다.
- 입과 혀는 재앙과 근심의 문이요, 몸을 망치는 도끼이다.
- 입은 사람을 상하게 하는 도끼요 말은 혀를 베는 칼이니, 입을 막고 혀를 깊이 감추면 몸이 어느 곳에 있으나 편안할 것이다.
- 사람을 만나거든 우선 말을 3할 만하되 자기가 지니고 있는 한 조각 마음을 다 털어 놓지 말아야 한다. 호랑이의 세 개의 입이 두려운 것이 아니라 단지 사람의 두 마음이 두렵다.
- 술은 나를 알아주는 친구를 만나면 천 잔도 적고, 말은 시기에 맞지 않으면 한 마디도 많다.

1

유회왈 언부중리 불여불언

劉會曰 言不中理면 不如不言이니라.

유회劉會가 말하였다. "말이 이치에 맞지 않으면, 말하지 아니함만 못하다."

✓ 劉: 성씨 유(류). 會: 모일 회. 中: 적중할 중. 理: 이치 리. 如: 같을 여.

✓ 劉會: 미상未詳.

2

일언부중 천어무용

一言不中이면 千語無用이니라.

한 마디 말이 이치에 맞지 않으면, 천 마디 말이 쓸모가 없다.

✓ 語: 말씀 어.

3

군평왈 구설자 화환지문

君平曰 口舌者는 禍患之門이요

멸신지부야

滅身之斧也니라.

군평君平이 말하였다. "입과 혀는 재앙과 근심의 문이요, 몸을 망치는 도끼이다."

✓舌: 혀 설. 禍: 재앙 화. 患: 근심 환. 滅: 멸망할 멸. 斧: 도끼 부.

✓君平: 중국 전한前漢 무제武帝 때 사람으로서 성은 엄嚴, 이름은 준遵, 자는 君平.

이인지언 난여면서 상인지어
利人之言은 煖如綿絮하고 傷人之語는
이여형극 일언이인 중치천금
利如荊棘하여 一言利人에 重値千金이요
일어상인 통여도할
一語傷人에 痛如刀割이니라. 4

사람을 이롭게 하는 말은 따뜻하기가 솜과 같고, 사람을 해치는 말은 날카롭기가 가시 같아서, 한 마디 말로 사람을 이롭게 함은 값어치가 천금千金과 같고, 한 마디 말로 사람을 해침은 아프기가 칼로 베는 것과 같다.

✓利: 이로울 이(리). 煖: 따뜻할 난. 如: 같을 여. 綿: 솜 면. 絮: 솜 서. 傷: 해칠 상. 利: 날카로울 이(리). 荊: 가시나무 형. 棘: 가시나무 극. 重: 무거울 중. 値: 값 치. 痛: 아플 통. 割: 벨 할.

| 해설 |

형극荊棘은 '나무 가시'를 뜻하는데, 어려운 상황이나 고난뿐만 아니라 다른 사람을 상처를 입히는 것으로 자주 비유된다. 안중근安重根 의사義士(1879-1910)가 옥중獄中에서 쓴 "하루라도 독서하지 않으면 입 속에 가시가 생긴다."(一日不讀書, 口中生荊棘.)라는 구절이 유명하다.

5

구 시 상 인 부　언 시 할 설 도
口是傷人斧요 言是割舌刀니
폐 구 심 장 설　안 신 처 처 뇌
閉口深藏舌이면 安身處處牢니라.

입은 사람을 상하게 하는 도끼요 말은 혀를 베는 칼이니, 입을 막고 혀를 깊이 감추면 몸이 어느 곳에 있으나 편안할 것이다.

✓是: 이 시. 閉: 닫을 폐. 深: 깊을 심. 藏: 감출 장. 安: 편안할 안. 處: 살 처. 牢: 견고할 뇌(뢰)

6

봉 인　차 설 삼 분 화
逢人에 且說三分話하고
미 가 전 포 일 편 심　불 파 호 생 삼 개 구
未可全拋一片心이니 不怕虎生三個口요
지 공 인 정 양 양 심
只恐人情兩樣心이니라.

사람을 만나거든 우선 말을 3할 만하되 자기가 지니고 있는 한 조각 마음을 다 털어 놓지 말아야 한다. 호랑이의 세 개의 입이 두려운 것이 아니라 단지 사람의 두 마음이 두렵다.

✓逢: 만날 봉. 且: 또 차. 說: 말씀 설. 話: 말씀 화. 拋: 던질 포. 片: 조각 편. 怕: 두려워할 파. 虎: 범 호. 個: 낱 개. 只: 다만 지. 恐: 두려울 공. 情: 뜻 정. 兩: 두 양(량). 樣: 모양 양.

주 봉 지 기 천 종 소 화 불 투 기 일 구 다

酒逢知己千鍾少요 話不投機一句多니라. ⑦

술은 나를 알아주는 친구를 만나면 천 잔도 적고, 말은 시기에 맞지 않으면 한 마디도 많다.

✓鍾: 술잔 종. 少: 적을 소. 投: 맞을 투. 機: 때 기. 句: 글귀 구.

명심보감

19 교우편交友篇

친구 사귐에 관한 글

내용요약

•

'교우편'은 '친구 사귐에 관한 글(총 8장)'을 모아두었다. 친구親舊란 '오래도록 알고 가깝게 지낸 사람'을 말한다. 예로부터 "평생 좋은 친구 셋 만 있으면, 성공한 인생이다."라고 말한다. 그만큼 좋은 친구를 만나서 사귀는 것이 쉽지 않다는 말이다. 그런데 좋은 친구를 사귀는 것이 왜 어려울까? 입장을 바꿔서 생각해 보면, 그 답을 쉽게 얻을 수 있다. "과연 나는 내 친구들에게 진정으로 좋은 사람이었는가?"

일반적으로는 벗이나 친구라고 하면, 나이가 비슷하거나 같은 학교에 다니는 동창생들을 떠올린다. 그러나 우리 선조들은 벗을 단순히 나이로만 구분하지 않았다. 나이는 친구의 여러 조건 중에 하나라고 생각했기 때문이다. 친구와 벗을 뜻하는 단어 중 도반道伴이란 말이 있다. 도道를 '길·도리·진리'라고 한다면, 반伴은 '함께하는 짝·친구·벗'을 의미한다. 결국 도반은 '길 벗'인 셈이다. 이처럼 벗과 친구는 동년배이기도 하지만 동시에 '뜻을 함께 하는 사람'이라는 뜻

도 포함하고 있다. 도반이란 나이가 비슷한 친구뿐만 아니라 '스승과 제자' 관계도 포함된다. 왜냐하면, 도道를 함께 추구한다는 측면에서 보면, 스승과 제자도 결국 같은 길을 간다는 의미에서 '길 벗'이기 때문이다. 남편과 아내도 인생을 살아가는 '길 벗'이기 때문에 어떤 의미에서는 친구이자 벗이라고 말할 수 있다. 이렇게 보면, 부모와 자식 사이도 마찬가지다.

이우보인以友輔仁이란 사자성어가 있다. 증자曾子가 말한 "군자는 글로써 벗을 모으고, 벗으로써 나의 부족한 점을 보충한다.(『論語』·「顔淵」: 君子, 以文會友, 以友輔仁.)"라는 구절에서 유래한 말이다. 친구는 인생에서 가장 귀한 보물과 같은 존재이다. 귀한 보물은 소중히 다루어야 한다. 감히 상처를 낼까 두렵기 때문이다. 친구 역시 마찬가지다. 사려 깊지 못한 말과 행동으로 친구에게 상처를 주는 것은 삼가는 것이 좋다. 아무리 좋은 친구라도 한 번 두 번 계속 상처를 준다면, 친구 관계를 해칠 뿐만 아니라 멀어지게 만들 수도 있기 때문이다. 이와는 반대로 혹시 친구가 나에게 아무 뜻 없이 준 상처가 있다면, 빨리 잊는 것이 좋다. 그 대신 친구에게 받은 도움을 오래 기억하는 것이 바람직하다. 만약 지금 내 주위에 소중한 친구가 있다면, 절대 상처를 주지 않도록 주의해야 한다. 상대가 나를 진정으로 좋은 친구라고 생각하고 있었다면, 그 상처는 친구를 더욱 아프게 만들 수 있기 때문이다.

공자는 "좋은 친구와 오래도록 함께 지내면 향기 나는 난초蘭草가 있는 방안에 있는 것과 같아서 오래지 않아 자신도 향기에 물들게 된다."고 말한다. 좋은 친구의 영향력을 비유적으로 표현한 말이다. 반면 "좋지 않은 친구와 오래도록 함께 지내면 비린내 나는 생선 가게에 있는 것 같아서 점차 그 냄새를 맡지 못하게 된다."고 말한다. '어떤 사람인지를 알고 싶다면, 그 사람 주위에 있는 친구를 보라'는 말이 있다. 이 역시 친구의 영향력을 강조한 말이다. 나는 지금, 어떤 친구를 사귀고 있는가? 과연 내 주위에는 좋은 친구가 많은가? 여기에 한 가지를 덧붙여 보자. 과연 나는 주위 사람들에게 좋은 친구인가? 한 발 더 나아가 나는 지금 좋은 친구가 되기 위해 노력하고 있는가?

- 좋은 사람과 동행하면 마치 안개 속을 가는 것과 같아서 비록 옷은 젖지 않더라도 항상 윤택함이 있고, 무식한 사람과 동행하면 마치 뒷간에 앉은 것 같아서 비록 옷은 더럽히지 않더라도 항상 그 냄새를 맡게 된다.
- 서로 얼굴을 아는 사람은 온 세상에 가득하지만, 마음을 알아주는 사람이 몇이나 되겠는가?
- 술이나 음식을 함께할 때 형제 같은 친구는 많으나, 급하고 어려울 때 도와줄 친구는 한 명도 없다.
- 열매를 맺지 않는 꽃은 심으려 하지 말고, 의리 없는 친구는 사귀지 말라.
- 군자의 사귐은 담박하기가 물 같고, 소인의 사귐은 달콤하기가 단술 같다.
- 길이 멀어야 말의 힘을 알고, 날이 오래되어야 사람의 마음을 알 수 있다.

자 왈 여 선 인 거 여 입 지 란 지 실
子曰 與善人居면 如入芝蘭之室하여

구 이 불 문 기 향 즉 여 지 화 의
久而不聞其香이나 卽與之化矣요

여 불 선 인 거 여 입 포 어 지 사
與不善人居면 如入鮑魚之肆하여

구 이 불 문 기 취 역 여 지 화 의
久而不聞其臭나 亦與之化矣니

단 지 소 장 자 적 칠 지 소 장 자
丹之所藏者는 赤하고 漆之所藏者는

흑 시 이 군 자
黑이라 是以로 君子는

필 신 기 소 여 처 자 언
必愼其所與處者焉이니라.

1

공자가 말하였다. "선한 사람과 같이 거처하면 향기 나는 풀과 난초蘭草가 있는 방안에 들어간 것과 같아서 오래되면 그 냄새를 맡지 못하나 곧 그 향기와 더불어 동화同化되고, 선하지 못한 사람과 같이 있으면 생선 가게에 들어간 것과 같아서 오래되면 그 악취를 맡지 못하나 또한 그 냄새와 더불어 동화되나니, 붉은 단사丹砂가 지닌 것은 붉고 옻이 지닌 것은 검다. 그러므로 군자君子는 반드시 그 함께 있을 사람을 삼가야 한다."

✓ 與: 더불 여. 芝: 영지 지. 蘭: 난초 난(란). 聞: 맡을 문. 香: 향기 향. 卽: 곧 즉. 鮑: 절인생선 포. 肆: 가게 사. 臭: 냄새 취. 丹: 붉을 단. 藏: 감출 장. 赤: 붉을 적. 漆: 옻 칠. 黑: 검을 흑. 愼: 삼갈 신. 處: 살 처. 焉: 어조사 언.

✓ 芝蘭: 영지와 난초. 향기가 나는 대표적인 식물. 지초(영지)와 난초의 향기 때문

에 친구끼리 '고상高尙한 교제交際' 혹은 '향기로운 사귐'이란 뜻으로 지란지교芝蘭之交라는 사자성어가 만들어졌다.

✓ 丹砂: 붉은 색을 띤 돌이나 모래.

가어운 여호인동행 여무로중행

家語云 與好人同行이면 如霧露中行하여

수불습의 시시유윤

雖不濕衣라도 時時有潤하고

여무식인동행 여측중좌

與無識人同行이면 如廁中坐하여

수불오의 시시문취

雖不汚衣라도 時時聞臭니라.

2

『가어家語』에서 말하였다. "좋은 사람과 동행하면 마치 안개 속을 가는 것과 같아서 비록 옷은 젖지 않더라도 항상 윤택함이 있고, 무식한 사람과 동행하면 마치 뒷간에 앉은 것 같아서 비록 옷은 더럽히지 않더라도 항상 그 냄새를 맡게 된다."

✓ 云: 이를 운. 與: 더불 여. 如: 같을 여. 霧: 안개 무. 露: 이슬 노(로). 雖: 비록 수. 濕: 젖을 습. 潤: 젖을 윤. 識: 알 식. 廁: 뒷간 측. 坐: 앉을 좌. 汚: 더러울 오. 聞: 맡을 문. 臭: 냄새 취.

자 왈 안 평 중 선 여 인 교
子曰 晏平仲은 善與人交로다
구 이 경 지
久而敬之온여 3

공자가 말하였다. "안평중晏平仲은 사람과 사귀기를 잘한다. 오래되어도 상대방을 공경하는구나!"

✓ 晏: 늦을 안. 仲: 버금 중. 善: 잘할 선. 與: 더불 여. 久: 오랠 구. 敬: 공경할 경.

✓ 晏平仲(B.C.578-500): 춘추시대 제齊나라 대부大夫로서 경공景公을 도와 패업霸業을 이룬 정치가이며 사상가이다. 이름은 영嬰, 자는 중仲, 시호諡號는 평平이므로 흔히 안평중晏平仲이라고도 한다. 안자晏子라고 높여 부르기도 하며, 저서로 『안자춘추晏子春秋』가 있다. 제나라의 상대부上大夫를 지낸 안약晏弱의 아들로서 아버지가 죽자 상대부 자리를 이어받았다. 공자가 제나라에 있을 때에 안평중과 같이 8년을 지냈던 경험이 있어서 그를 잘 알고 있었다.

| 해설 |

이 구절은 『논어論語』「공야장公冶長」편에 있는 내용과 같다.

상 식 만 천 하 지 심 능 기 인
相識이 滿天下하되 知心能幾人고 4

서로 얼굴을 아는 사람은 온 세상에 가득하지만, 마음을 알아주는 사람이 몇이나 되겠는가?

✓相: 서로 상. 識: 알 식. 滿: 찰 만. 能: 능할 능. 幾: 몇 기.

5

주 식 형 제　천 개 유
酒食兄弟는 千個有로되
급 난 지 붕　일 개 무
急難之朋은 一個無니라.

술이나 음식을 함께할 때 형제 같은 친구는 많으나, 급하고 어려울 때 도와줄 친구는 한 명도 없다.

✓酒: 술 주. 食: 음식 식. 個: 낱 개. 急: 급할 급. 難: 어려울 난. 朋: 벗 붕.

6

불 결 자 화　휴 요 종
不結子花는 休要種이요
무 의 지 붕　불 가 교
無義之朋은 不可交니라.

열매를 맺지 않는 꽃은 심으려 하지 말고, 의리 없는 친구는 사귀지 말라.

✓結: 맺을 결. 子: 열매 자. 休: 말 휴. 要: 구할 요. 種: 심을 종. 義: 옳을 의. 交: 사귈 교.

군 자 지 교　　　담 여 수
君子之交는 淡如水하고
소 인 지 교　　　감 약 예
小人之交는 甘若醴니라. 7

군자의 사귐은 담박하기가 물 같고, 소인의 사귐은 달콤하기가 단술 같다.

✓淡: 맑을 담. 如: 같을 여. 甘: 달 감. 若: 같을 약. 醴: 단술 예(례).

노 요 지 마 력　　　일 구 견 인 심
路遙知馬力이요 日久見人心이니라. 8

길이 멀어야 말의 힘을 알고, 날이 오래되어야 사람의 마음을 알 수 있다.

✓路: 길 로(노). 遙: 멀 요. 久: 오랠 구.

20 부행편婦行篇

부인婦人의 행실에 관한 글

내용요약

•

'부행편'은 '부인의 행실에 관한 글(총 8장)'을 모아두었다. 동양에서는 고대로부터 태교胎教를 중요하게 생각했다. 산모의 언행과 습관, 경험 등이 태아에게 직접적인 영향을 준다고 믿었던 것이다. 최초의 태교법은 주周나라 문왕의 어머니 태임太妊으로부터 시작한다. 한漢나라 유향劉向이 지은 『열녀전列女傳』에 보면, "옛날 부인이 아이를 가졌을 때는 몸을 옆으로 하여 잠자지 않았으며, 귀퉁이에 앉지 않았으며, 서있을 때는 기울지 않았으며, 괴이한 맛이 나는 음식은 먹지 않았으며, 곧게 자른 것이 아니면 먹지 않았으며, 자리가 바르지 않으면 앉지 않았으며, 눈으로는 괴이한 색을 보지 않았으며, 귀로는 음란한 소리를 듣지 않았다. 밤이면 소경으로 하여금 시詩를 외게 하고 바른 일을 말하게 하였다. 이렇게 하여 자식을 낳으면 외모가 단정하고 재주와 덕성이 반드시 다른 사람보다 뛰어났다."라고 적고 있다. 이처럼 부인의 행실은 그 자신의 덕행만이 아니라 한 집안의 미래를 책임지는 건강한 자손을 보장한다는 의미에서 매우 중요시 되었다.

한국의 장한 어머니로서 조마리아 여사를 들 수 있다. 슬하의 3남 1녀가 모두 독립운동에 헌신했던 것은 조마리아 여사의 가르침 때문이었다. 특히 장남인 안중근 의사가 1907년 독립운동을 위해 돈의학교 교장직을 사직하고 작별인사를 할 때, 조마리아 여사는 "집안일은 생각지 말고 최후까지 남자답게 싸우라."는 격려를 해주었다. 이 말은 안중근 의사가 북만주와 연해주에서 독립운동을 하고, 1909년 10월 26일 하얼빈 역에서 이토 히로부미를 처단할 수 있는 원동력이 되었다. 안중근 의사가 체포된 이후에도 조마리아 여사는 아들을 면회하지 않았다. 다만, 뤼순감옥으로 면회하러 가는 두 아들에게 "네가 항소를 한다면 그것은 일제에게 목숨을 구걸하는 짓이다. 네가 나라를 위해 이렇게 되었으니 다른 마음먹지 말고 죽으라. 옳은 일을 하고 받는 형刑이니, 비겁하게 삶을 구하지 말고 대의大義에 죽는 것이 어미에 대한 효도다."라는 당부를 전했다. 그리고 안병찬 변호사를 통해 "네가 국가를 위해 이 지경에 이르렀으니 죽어도 오히려 영광이나 우리 모자母子가 현세에 다시 만나지 못하는 것이 참으로 안타깝다."는 말을 전하고, 흰색 명주 수의壽衣를 보내 그 옷을 입고 최후를 맞이하도록 하였다.

이처럼 어머니의 행실은 건강한 자녀를 양육하여 화목한 가정을 일구는 것뿐만 아니라 자녀들에게 큰일을 성취할 수 있게 만드는 원동력이라는 점에서 매우 중요하다. 현명한 아내가 남편의 기를 살려주고, 남편을 사회적으로 성공하게 만든 사례는 손으로 꼽을 수 없을 정도다.

• 여자에게는 네 가지 덕의 칭찬이 있으니, 첫째 부덕이요, 둘째 부

용이요, 셋째 부언이요, 넷째 부공이다.

- 부덕은 반드시 재주와 이름이 뛰어남을 말하는 것은 아니요, 부용은 반드시 얼굴이 아름답고 고움을 말하는 것이 아니요, 부언은 반드시 구변이 좋고 말 잘하는 것은 아니요, 부공은 반드시 손재주가 다른 사람보다 뛰어남을 말하는 것은 아니다.
- 그 부덕은 맑고 곧고 청렴하고 절개가 있어 분수를 지키고 몸가짐을 바르게 하며, 행동거지에 염치가 있고 동정에 법도가 있는 것이니, 이것이 부덕이다. 부용은 먼지나 때를 깨끗이 빨아 옷차림을 정결하게 하며, 목욕을 제때에 하여 몸에 더러움이 없게 하는 것이니, 이것이 부용이다. 부언은 본받을 만한 것을 가려 말하며 예의에 어긋나는 말은 하지 않고, 꼭 해야 할 때가 된 뒤에 말해서 사람들이 그의 말을 싫어하지 않는 것이니, 이것이 부언이다. 부공은 오로지 길쌈을 부지런히 하고 마늘과 술을 좋아하지 않으며, 맛있는 음식을 갖추어 손님을 받드는 것이니, 이것이 부공이다.
- 부인의 예절은 말소리가 반드시 가늘어야 한다.
- 어진 부인은 남편을 귀하게 만들고, 간사한 아내는 남편을 천하게 만든다.
- 집에 어진 아내가 있으면, 그 남편이 뜻밖의 화를 만나지 않는다.
- 어진 부인은 육친을 화목하게 하고, 간악한 부인은 육친의 화목을 깨뜨린다.

익 지 서 운 여 유 사 덕 지 예

益智書云 女有四德之譽하니

일 왈 부 덕 이 왈 부 용

一曰婦德이요 二曰婦容이요

삼 왈 부 언 사 왈 부 공 야

三曰婦言이요 四曰婦工也니라.

①

『익지서』에서 말하였다. "여자에게는 네 가지 덕의 칭찬이 있으니, 첫째 부덕婦德이요, 둘째 부용婦容이요, 셋째 부언婦言이요, 넷째 부공婦工이다."

✓益: 더할 익. 智: 지혜 지. 書: 책 서. 德: 덕 덕. 譽: 칭찬할 예. 婦: 부인 부. 容: 모습 용. 工: 일 공.

부 덕 자 불 필 재 명 절 이

婦德者는 不必才名絶異요

부 용 자 불 필 안 색 미 려

婦容者는 不必顔色美麗요

부 언 자 불 필 변 구 리 사

婦言者는 不必辯口利詞요

부 공 자 불 필 기 교 과 인 야

婦工者는 不必技巧過人也니라.

②

부덕婦德은 반드시 재주와 이름이 뛰어남을 말하는 것은 아니요, 부용婦容은 반드시 얼굴이 아름답고 고움을 말하는 것이 아니요, 부언婦言은 반드시 구변口辯이 좋고 말 잘하는 것은 아니요, 부공婦工은 반드시 손재주가 다른 사람보다 뛰어남을 말하는 것은 아니다.

✓ 才: 재주 재. 絶: 뛰어날 절. 異: 다를 이. 顔: 얼굴 안. 色: 빛 색. 美: 아름다울 미. 麗: 고울 여(려). 辯: 말 잘할 변. 利: 이로울 이(리). 詞: 말씀 사. 技: 재주 기. 巧: 재주 교. 過: 지날 과.

기 부 덕 자　　청 정 렴 절　　　수 분 정 제
其婦德者는 清貞廉節하여 守分整齊하고

행 지 유 치　　동 정 유 법
行止有恥하며 動靜有法이니

차 위 부 덕 야　　부 용 자　　세 완 진 구
此爲婦德也요 婦容者는 洗浣塵垢하여

의 복 선 결　　목 욕 급 시　　일 신 무 예
衣服鮮潔하며 沐浴及時하여 一身無穢니

차 위 부 용 야　　부 언 자　　택 사 이 설
此爲婦容也요 婦言者는 擇師而說하여

부 담 비 례　　시 연 후 언
不談非禮하고 時然後言하여

인 불 염 기 언　　차 위 부 언 야
人不厭其言이니 此爲婦言也요

부 공 자　　전 근 방 적　　물 호 훈 주
婦工者는 專勤紡績하고 勿好葷酒하며

공 구 감 지　　이 봉 빈 객
供具甘旨하여 以奉賓客이니

차 위 부 공 야
此爲婦工也니라.

3

그 부덕婦德은 맑고 곧고 청렴하고 절개節介가 있어 분수를 지키고 몸가짐을 바르게 하며, 행동거지行動擧止에 염치가 있고 동정動靜에 법도가 있는 것이니, 이것이 부덕이다. 부용婦容은 먼지나 때를 깨끗이 빨아 옷차림을 정결하게 하며, 목욕을 제때에 하여 몸에 더러움이 없게 하는 것이니, 이것이 부용이다. 부언婦言은 본받을 만한 것을 가려 말하며 예의에 어긋나는 말은 하지 않고, 꼭 해야 할 때가 된 뒤에 말해서 사람들이 그의 말을 싫어하지 않는 것이니, 이것이 부언이다. 부공婦工은 오로지 길쌈을 부지런히 하고 마늘과 술을 좋아하지 않으며, 맛있는 음식을 갖추어 손님을 받드는 것이니, 이것이 부공이다.

✓其: 그 기. 淸: 맑을 청. 貞: 곧을 정. 廉: 청렴할 염(렴). 節: 절개 절. 守: 지킬 수. 整: 가지런할 정. 齊: 가지런할 제. 止: 그칠 지. 恥 : 부끄러울 치. 動: 움직일 동. 靜: 고요할 정. 法: 법 법. 此: 이 차. 爲: 될 위. 洗: 씻을 세. 浣: 씻을 완. 塵: 먼지 진. 垢: 때 구. 服: 옷 복. 鮮: 고울 선. 潔: 깨끗할 결. 沐: 머리감을 목. 浴: 목욕할 욕. 及: 미칠 급. 穢: 더러울 예. 擇: 가릴 택. 師: 스승 삼을 사. 說: 말씀 설. 談: 말씀 담. 厭: 싫을 염. 專: 오로지 전. 勤: 부지런할 근. 紡: 길쌈 방. 績: 길쌈 적. 勿: 말 물. 葷: 마늘 훈. 供: 갖출 공. 具: 갖출 구. 甘: 달 감. 旨: 맛 지. 奉: 받들 봉. 賓: 손님 빈. 客: 손님 객.

✓길쌈: 실을 추출하여 옷감을 짜는 모든 일.

✓葷: 마늘이나 파, 부추 따위.

4

차사덕자 시부인지소불가결자
此四德者는 是婦人之所不可缺者라.

위지심이 무지재정
爲之甚易하고 務之在正하니

의차이행 시위부절
依此而行이면 是爲婦節이니라.

이 네 가지 덕은 부녀자로서 하나도 빼놓을 수 없는 것이다. 행하기 매우 쉽고 힘씀이 바른데 있으니, 이것에 의거하여 행한다면 이것이 부녀자로서의 범절이 된다.

✓是: 이 시. 缺: 빠뜨릴 결. 者: 사람 자. 爲: 할 위. 甚: 매우 심. 易: 쉬울 이. 務: 힘쓸 무. 依: 의지할 의. 而: 말 이을 이.

5

태공왈 부인지례 어필세
太公曰 婦人之禮는 語必細니라.

태공이 말하였다. "부인의 예절은 말소리가 반드시 가늘어야 한다."

✓太: 클 태. 語: 말씀 어. 細: 가늘 세.

현부 영부귀 영부 영부천
賢婦는 令夫貴요 佞婦는 令夫賤이라. ⑥

어진 부인은 남편을 귀하게 만들고, 간사한 아내는 남편을 천하게 만든다.

✓ 令: 하여금 영(령). 夫: 지아비 부. 貴: 귀할 귀. 佞: 아첨할 영(녕). 賤: 천할 천.

가유현처 부부조횡화
家有賢妻면 夫不遭橫禍니라. ⑦

집에 어진 아내가 있으면, 그 남편이 뜻밖의 화를 만나지 않는다.

✓ 賢: 어질 현. 妻: 아내 처. 遭: 만날 조. 橫: 거스를 횡. 禍: 재앙 화.

현부 화육친
賢婦는 和六親하고
영부 파육친
佞婦는 破六親이니라. ⑧

어진 부인은 육친六親을 화목하게 하고, 간악한 부인은 육친의 화목을 깨뜨린다.

✓ 和: 화할 화. 親: 친할 친. 破: 깨뜨릴 파.

✓ 六親: 본래 부모형제처자父母兄弟妻子를 가리키는 말이지만, 흔히 모든 친척을 지칭하는 말로 사용한다.

21 증보편增補篇

더하여 보충한 글

내용요약

•

'증보편'은 '더하여 보충한 글(총 2장)'을 모아두었다. 『주역周易』은 역易·역경易經으로도 불린다. 갑골문甲骨文에서는 역易을 '바뀌다'·'변하다'는 뜻으로 사용했다. 『설문해자說文解字』에는 도마뱀을 뜻하는 석척蜥蜴이나 일월日月 혹은 깃발을 의미하는 기물旗勿의 물勿에서 유래되었다고 기록되어 있다. 이밖에 『주역』에 관한 여러 설명이 있으나 분명한 사실은 먼 옛날부터 변화를 뜻하는 용어로 사용했다는 점이다. 그러므로 『주역』이란 책은 자연의 변화를 어떻게 이해하며 어떻게 그 변화에 대응할 것인가에 대해 설명하기 위해 만들어진 책이라고 말할 수 있다.

『주역』의 원리는 크게 3가지로 요약할 수 있다. 첫째, 적소성대積小成大이다. 작은 것을 쌓아 큰 것을 이룬다는 뜻이다. 세상의 모든 일은 시간과 노력이 필요하다는 말이다. '한 번에는 안 된다'라는 말로도 표현할 수 있다. 둘째, 이견대인利見大人이다. 자기와 맞는 대인大人을 만나야 이롭다는 뜻이다. 세상사는 서로 협력해야 이룰 수 있다는 말이다. '혼자서는 안 된다'는 말로도 표현할 수 있다. 셋째, 군자유종君子有終이다. 군자라야 잘 마칠 수 있다는 뜻이다. 아무리 좋은 기회도 준비가 되어 있지 않다면 놓치기 쉽다는 말이다. '중요한 것은 내 자신이다'는 말로 표현할 수 있다. 『주역』에서는 특히 욕심慾心을 경계한다. 인간의 욕심은 '나'라는 의식에서 생겨난다. 물론 자아정체성에 대한 생각이 나쁘다는 것은 아니다. 다만 나와 남을 과도하게 분리함으로써 생겨나는 이기심利己心은 결국 타인과의 경쟁을 유발하고 급기야는 투쟁과 다툼을 야기한다는 것이다. 그래서 『주역』에서는 욕심이나 이기심을 극복하기 위해 의식세계가 아닌 무의식세계에 주목한다. 그러므로 『주역』에서의 점占치는 행위는 인간의 욕심을 배제하기 위한 하나의 방법론인 셈이다.

- 선을 쌓지 않으면 이름을 이룰 수 없을 것이요, 악을 쌓지 않으면 몸을 망치지 않을 수 있거늘, 소인은 작은 선을 유익함이 없다고 하여 행하지 않고, 자그마한 악을 해로움이 없다 하여 버리지 않는다. 그러므로 악함이 쌓여 가릴 수 없고 죄가 커져서 풀 수 없다.
- 서리를 밟으면 굳은 얼음이 되니, 신하가 그 임금을 죽이며 자식이 그 아비를 죽이는 것이 하루아침이나 하루 저녁에 이루어지는 일이 아니다. 그 원인은 서서히 이루어진 것이다.

주 역 왈 선 부 적 부 족 이 성 명
周易曰 善不積이면 不足以成名이요
악 부 적 부 족 이 멸 신
惡不積이면 不足以滅身이어늘
소 인 이 소 선 위 무 익 이 불 위 야
小人은 以小善으로 爲无益而弗爲也하고
이 소 악 위 무 상 이 불 거 야
以小惡으로 爲无傷而弗去也니라.
고 악 적 이 불 가 엄
故로 惡積而不可掩이요
죄 대 이 불 가 해
罪大而不可解니라.

1

『주역』에서 말하였다. "선을 쌓지 않으면 이름을 이룰 수 없을 것이요, 악을 쌓지 않으면 몸을 망치지 않을 수 있거늘, 소인은 작은 선을 유익함이 없다고 하여 행하지 않고, 자그마한 악을 해로움이 없다 하여 버리지 않는다. 그러므로 악함이 쌓여 가릴 수 없고 죄가 커져서 풀 수 없다."

✓ 周: 두루 주. 易: 바꿀 역. 善: 착할 선. 積: 쌓을 적. 足: 충분할 족. 惡: 악할 악. 滅: 멸망할 멸. 无: 없을 무(=無). 益: 이로울 익. 弗: 아니 불(=不). 傷: 상할 상. 去: 제거할 거. 故: 그러므로 고. 掩: 가릴 엄. 罪: 허물 죄. 解: 풀 해.

| 해설 |

이 구절은 『주역論語』「계사전繫辭傳」하편 5장에 있는 내용과 같다.

이 상 견 빙 지 신 시 기 군
履霜하면 堅氷至하나니 臣弑其君하며
자 시 기 부 비 일 조 일 석 지 사
子弑其父는 非一朝一夕之事라
기 소 유 래 자 점 의
其所由來者漸矣니라.

②

서리를 밟으면 굳은 얼음이 되니, 신하가 그 임금을 죽이며 자식이 그 아비를 죽이는 것이 하루아침이나 하루 저녁에 이루어지는 일이 아니다. 그 원인은 서서히 이루어진 것이다.

✓ 履: 밟을 이(리). 霜: 서리 상. 堅: 굳을 견. 氷: 얼음 빙. 弑: 죽일 시. 朝: 아침 조. 夕: 저녁 석. 事: 일 사. 其: 그 기. 所: 바 소. 由: 말미암을 유. 漸: 천천히 점.

✓ 所由來: 어떤 사건이나 일이 생기게 된 이유나 원인.

| 해설 |

'리상견빙지履霜堅氷至'는 『주역周易』 곤괘坤卦 초효初爻에 있는 구절이며, 나머지 문장은 곤괘 초효의 상전象傳과 문언전文言傳에 있다. 그 내용은 다음과 같다. 상象에서 말하였다. "서리를 밟으면 단단한 얼음이 되는 것은 음이 처음 응결한 것이니, 그 길로 계속 가서 딱딱한 얼음에 이른다." 문언文言에서 말하였다. "선을 쌓은 집안은 반드시 넘치는 경사가 있고, 불선을 쌓은 집안은 반드시 넘치는 재앙이 있다. 신하가 그 임금을 죽이고 아들이 그 아버지를 죽인 까닭이 하루아침 하루저녁의 변고

가 아니다. 그 말미암아 온 것이 점차적으로 한 것이니, 그것을 분별함을 일찍 분별하지 못한 것에서 말미암은 것이다. 역易에서 말하기를 '서리를 밟으면 단단한 얼음이 된다'고 하였으니, 이는 순차적으로 이루어짐을 말한 것이다."(象曰履霜堅氷은 陰始凝也니 馴致其道하여 至堅氷也라 文言曰積善之家는 必有餘慶하고 積不善之家는 必有餘殃하나니 臣弑其君하며 子弑其父非一朝一夕之故라 其所由來者漸矣니 由辯之不早辯也니 易曰履霜堅氷至라하니 蓋言順也라)

22 팔반가八反歌

8가지 반어적反語的인 노래

내용요약

•

'팔반가'는 '8가지 반어적인 노래(총 8장)'를 모아두었다. 여기에서는 부모와 자녀 관계에서 발생하는 모순적인 태도와 생각을 대구對句 형식으로 재미있게 표현하고 있다. "높고 높은 하늘이라 말들 하지만 나는 나는 높은 게 또 하나 있지. 낳으시고 기르시는 어머님 은혜 푸른 하늘 그보다도 높은 것 같애. 넓고 넓은 바다라고 말들 하지만 나는 나는 넓은 게 또 하나 있지. 사람되라 이르시는 어머님 은혜 푸른 바다 그보다도 넓은 것 같애."라는 노래가 있다. 높은 하늘보다 더 높고 넓은 바다보다 더 넓은 사랑을 노래한 〈어머님 은혜〉의 가사이다. 대부분의 부모들은 자기 자녀에게 헌신적이다. 반면 자녀가 부모의 은혜를 깨닫고 진정으로 감사하는 마음을 느끼는 시기는 생각보다 늦은 경우가 많다.

부모와 자녀 관계는 사람이 세상에 태어나자마자 처음 만들어진 관계이다. 이 관계가 아름답게 유지될 수 있는 가장 근본적인 덕목은 자애慈愛와 효孝이다. 이것을 모르는 사람은 거의 없다. 그런데 살다보면 어찌된 일인지 이런 당연한 도리를 알면서도 실천하지 못하는 경우가 많다. 특히 자녀가 출가出家하여 한 가정을 이루었을 때에는 더욱 그렇다. 부모의 은혜를 몰라서가 아니라 당장 자기 가정을 돌보다보니 겨를이 없기 때문이다.

배움이란 단순히 글자를 많이 익히는 것만을 의미하지 않는다. 배움의 궁극적인 목적은 배운 것을 삶에서 실천하는 것이다. 그런데 살다보면 많이 배운 사람이라고 해서 반드시 부모님께 효도와 공경을 다하는 것이 아니라는 것을 알게 된다. 오히려 많이 배우지 못한 사람인데도 배운 사람 이상으로 부모님께 효도하고 공경하는 경우가 적지 않기 때문이다. 그렇다면 둘 중 과연 어느 쪽이 더 잘 배운 사람이라고 말할 수 있을까? 사실 부모님의 사랑은 자녀로부터 보답을 바라고 하는 행위가 아니다. 단지 자녀에 대한 사랑, 그 자체가 목적이다. 이 때문에 자녀에 대한 부모의 헌신적 사랑은 본능이지만, 부모에 대한 자녀의 효도는 교육의 결과라고 말하기도 한다. 자식들이 부모님의 이런 마음을 백분의 일이라도 생각한다면, 지금 당장 아무리 작은 효행이라도 실천할 수 있을 것이다.

- 어린아이들은 여러 말을 하되 그대는 들으면서 늘 싫어하지 않고, 어버이는 한 번만 말을 하여도 잔소리가 많다고 한다. 쓸데없는 참견이 아니라 어버이가 마음에 걸리고 끌려서이니, 흰머리가 되도록 긴 세월에 아는 것이 많다. 그대에게 권하노니 늙은 사람의 말을 공경하여 받들고, 젖 냄새 나는 입으로 길고 짧음을 다투도록 하지 마라.
- 어린아이의 오줌과 똥의 더러움은 그대 마음에 싫어하거나 꺼림

이 없고, 늙은 어버이의 눈물과 침이 떨어지는 것은 도리어 미워하고 싫어하는 뜻이 있다. 여섯 자의 몸이 어디서 왔는고. 아버지의 정기와 어머니의 피로 그대의 몸이 이루어졌다. 그대에게 권하노니, 늙어가는 사람을 공경스럽게 대접하라. 젊었을 때 그대를 위하여 살과 뼈가 닳으셨도다.

• 그대가 새벽에 시장에 들어가 밀가루 떡을 사고 또 흰떡을 사는 것을 보니, 부모에게 드린다는 말은 들리지 않고 아이들에게 준다고 대부분 말한다. 어버이는 아직 맛보지도 않았는데 아이들이 먼저 배부르니, 자식의 마음은 부모의 마음이 좋아하는 것에 비할 수 없다. 그대에게 권하노니, 떡 살 돈을 많이 내어 흰머리에 사실 날이 얼마 남지 않은 어버이를 공양하라.

• 어버이를 봉양함엔 다만 두 분인데 늘 형제들과 다투고, 아이를 기름엔 비록 열 사람이더라도 그대가 모두 혼자 스스로 맡는다. 아이에게 배부르고 따뜻한가는 친히 늘 묻되, 부모의 배고프고 추운 것은 마음에 있지 않다. 그대에게 권하노니, 부모를 봉양함에 반드시 힘을 다하라. 당초에 입을 것과 먹을 것을 그대에게 빼앗겼다.

• 어버이는 충분한 사랑함이 있으나 그대는 그 은혜를 생각하지 아니하고, 자식이 조금이라도 효도함이 있으면 그대는 곧 그 이름을 드러낸다. 어버이를 대접함엔 어둡고 자식을 대함엔 밝으니, 누가 어버이의 자식 기르는 마음을 알까? 그대에게 권하노니, 아이들의 효도를 믿지 말라. 아이들의 본보기가 그대 자신에게 있다.

유아　혹리아　아심　각환희
幼兒는 或詈我하면 我心에 覺懽喜하고

부모　진노아　아심　반불감
父母는 嗔怒我하면 我心에 反不甘이라

일희환일불감　대아대부심하현
一喜懽一不甘하니 待兒待父心何懸고

권군금일봉친노
勸君今日逢親怒어든

야응장친작아간
也應將親作兒看하라.

1

어린아이가 혹 나를 꾸짖으면 나는 마음에 기쁨을 깨닫고, 부모가 나를 꾸짖고 성내면 나의 마음에 도리어 달가워하지 않는다. 하나는 기쁘고 또 하나는 달갑지 아니하니, 아이를 대하고 어버이를 대하는 마음이 어찌 그다지도 현격懸隔한가? 그대에게 권고하노니, 이제 어버이의 노여워함을 만나거든 또한 마땅히 어버이를 어린아이로 바꾸어 보라.

✓ 幼: 어릴 유. 兒: 아이 아. 或: 혹 혹. 詈: 꾸짖을 이(리). 覺: 깨달을 각. 懽: 기쁠 환. 喜: 기쁠 희. 嗔: 성낼 진. 怒: 성낼 노. 反: 도리어 반. 甘: 달 감. 待: 대할 대. 何: 어찌 하. 懸: 현격할 현. 勸: 권할 권. 君: 그대 군. 今: 이제 금. 逢: 만날 봉. 親: 어버이 친. 也: 또한 야. 應: 마땅할 응. 將: 써 장. 作: 지을 작. 看: 볼 간.

아 조　　출 천 언　　군 청 상 불 염
兒曹는 出千言하되 君聽常不厭하고

부 모　　일 개 구　　변 도 다 한 관
父母는 一開口하면 便道多閑管이라

비 한 관 친 괘 견　　호 수 백 두
非閑管親掛牽이니 皓首白頭에

다 암 련　　권 군 경 봉 로 인 언
多諳練이라 勸君敬奉老人言하고

막 교 유 구 쟁 장 단
莫教乳口爭長短하라.

2

어린아이들은 여러 말을 하되 그대는 들으면서 늘 싫어하지 않고, 어버이는 한 번만 말을 하여도 잔소리가 많다고 한다. 쓸데없는 참견이 아니라 어버이가 마음에 걸리고 끌려서이니, 흰머리가 되도록 긴 세월에 아는 것이 많다. 그대에게 권하노니 늙은 사람의 말을 공경하여 받들고, 젖 냄새 나는 입으로 길고 짧음을 다투도록 하지 마라.

✓ 曹: 무리 조. 聽: 들을 청. 常: 항상 상. 厭: 싫을 염. 開: 열 개. 便: 곧 편. 道: 말할 도. 閑: 한가할 한. 管: 맡을 관. 親: 어버이 친. 掛: 걸 괘. 牽: 끌 견. 皓: 흴 호. 頭: 머리 두. 諳: 알 암. 練: 익힐 연(련). 敬: 공경할 경. 奉: 받들 봉. 莫: 말 막. 教: 하여금 교. 乳: 젖 유. 爭: 다툴 쟁. 長: 긴 장. 短: 짧을 단.

유 아 뇨 분 예　　군 심　　무 염 기
幼兒尿糞穢는 君心에 無厭忌로되

노 친 체 타 영　　반 유 증 혐 의
老親涕唾零엔 反有憎嫌意니라

육 척 구 래 하 처　　부 정 모 혈 성 여 체
六尺軀來何處오 父精母血成汝體니라.

권 군 경 대 노 래 인
勸君敬待老來人하라.

장 시 위 이 근 골 폐
壯時爲爾筋骨敝니라.

3

어린아이의 오줌과 똥의 더러움은 그대 마음에 싫어하거나 꺼림이 없고, 늙은 어버이의 눈물과 침이 떨어지는 것은 도리어 미워하고 싫어하는 뜻이 있다. 여섯 자의 몸이 어디서 왔는고. 아버지의 정기精氣와 어머니의 피로 그대의 몸이 이루어졌다. 그대에게 권하노니, 늙어가는 사람을 공경스럽게 대접하라. 젊었을 때 그대를 위하여 살과 뼈가 닳으셨도다.

✓ 尿: 오줌 요(뇨). 糞: 똥 분. 穢: 더러울 예. 忌: 꺼릴 기. 涕: 눈물 체. 唾: 침 타. 零: 떨어질 영(령). 憎: 미워할 증. 嫌: 싫어할 혐. 意: 뜻 의. 尺: 자 척. 軀: 몸 구. 精: 정기 정. 血: 피 혈. 汝: 너 여. 體: 몸 체. 待: 대할 대. 壯: 씩씩할 장. 爲: 위할 위. 爾: 너 이(=汝). 筋: 힘줄 근. 骨: 뼈 골. 敝: 해질 폐.

간 군 신 입 시 　 매 병 우 매 고
看君晨入市하여 買餠又買餻하니

소 문 공 부 모 　 다 설 공 아 조
少聞供父母하고 多說供兒曹라

친 미 담 아 선 포 　 자 심 　 불 비 친 심 호
親未啖兒先飽하니 子心이 不比親心好라.

권 군 다 출 매 병 전
勸君多出買餠錢하여

공 양 백 두 광 음 소
供養白頭光陰少하라.

4

그대가 새벽에 시장에 들어가 밀가루 떡을 사고 또 흰떡을 사는 것을 보니, 부모에게 드린다는 말은 들리지 않고 아이들에게 준다고 대부분 말한다. 어버이는 아직 맛보지도 않았는데 아이들이 먼저 배부르니, 자식의 마음은 부모의 마음이 좋아하는 것에 비할 수 없다. 그대에게 권하노니, 떡 살 돈을 많이 내어 흰머리에 사실 날이 얼마 남지 않은 어버이를 공양하라.

✓ 看: 볼 간. 晨: 새벽 신. 市: 시장 시. 買: 살 매. 餠: 밀가루 떡 병. 又: 또 우. 餻: 떡 고. 少: 적을 소. 供: 바칠 공. 曹: 무리 조. 親: 어버이 친. 啖: 먹을 담. 飽: 배부를 포. 比: 비교할 비. 錢: 돈 전. 養: 봉양할 양. 光: 빛 광. 陰: 그늘 음.

✓ 光陰: 본래 뜻은 빛과 그늘 혹은 낮과 밤인데, 흔히 시간을 가리키는 말로 사용함.

시 간 매 약 사　　유 유 비 아 환
市間賣藥肆에 惟有肥兒丸하고

미 유 장 친 자　　하 고 양 반 간
未有壯親者하니 何故兩般看고

아 역 병 친 역 병　　의 아 불 비 의 친 증
兒亦病親亦病에 醫兒不比醫親症이라.

할 고 환 시 친 적 육
割股還是親的肉이니

권 군 극 보 쌍 친 명
勸君亟保雙親命하라.

5

시장에 약 파는 가게에 오직 아이를 살찌게 하는 환약만 있고, 어버이를 튼튼하게 하는 약은 없으니, 무슨 까닭에 두 가지로 보는가? 아이도 병들고 어버이도 병들었을 때 아이의 병을 고치는 것이 어버이의 병을 고치는 것에 비할 수 없다. 다리를 베더라도 도로 어버이의 살이니 그대에게 권하노니 빨리 어버이의 목숨을 보호하라.

✓ 賣: 팔 매, 肆: 가게 사. 惟: 오직 유. 肥: 살찔 비. 丸: 환약 환. 壯: 씩씩할 장. 般: 가지 반. 醫: 고칠 의. 症: 증세 증. 割: 벨 할. 股: 다리 고. 亟: 빠를 극.

부 귀　　양 친 이　　친 상 유 미 안
富貴엔 養親易로되 親常有未安하고

빈 천 양 아 난 아 불 수 기 한

貧賤엔 養兒難하되 兒不受饑寒이라.

일 조 심 양 조 로 위 아 종 불 여 위 부

一條心兩條路에 爲兒終不如爲父라.

권 군 양 친 여 양 아 범 사

勸君養親如養兒하고 凡事를

막 추 가 불 부

莫推家不富하라.

6

부귀하면 어버이를 봉양하기가 쉽되 어버이는 항상 편하지 못한 마음이 있고, 가난하고 천하면 아이를 기르기가 어렵되 아이는 배고픔과 추위를 받지 않는다. 한 가지 마음 두 가지 길에 아이를 위함이 마침내 어버이를 위함만 같지 못하다. 그대에게 권하노니, 두 어버이 섬기기를 아이를 기르는 것과 같이 하고, 모든 일을 집이 넉넉하지 못하다고 미루지 말라.

✓ 易: 쉬울 이. 饑: 주릴 기. 條: 가지 조. 路: 길 노(로). 爲: 위할 위. 推: 밀 추.

양 친 지 이 인 상 여 형 제 쟁

養親엔 只二人이로되 常與兄弟爭하고

양 아 수 십 인 군 개 독 자 임

養兒엔 雖十人이나 君皆獨自任이라.

아 포 난 친 상 문　　　부 모 기 한 부 재 심
兒飽煖親常問하되 父母饑寒不在心이라.

권 군 양 친　　수 갈 력　　당 초 의 식
勸君養親을 須竭力하라 當初衣食이

피 군 침
被君侵이니라.

7

어버이를 봉양함엔 다만 두 분인데 늘 형제들과 다투고, 아이를 기름엔 비록 열 사람이더라도 그대가 모두 혼자 스스로 맡는다. 아이에게 배부르고 따뜻한가는 친히 늘 묻되, 부모의 배고프고 추운 것은 마음에 있지 않다. 그대에게 권하노니, 부모를 봉양함에 반드시 힘을 다하라. 당초에 입을 것과 먹을 것을 그대에게 빼앗겼다.

✓ 獨: 홀로 독. 任: 맡을 임. 煖: 따뜻할 난. 被: 입을 피. 須: 모름지기 수. 竭: 다할 갈. 侵: 침노할 침.

친 유 십 분 자　　군 불 염 기 은
親有十分慈하되 君不念其恩하고

아 유 일 분 효　　군 취 양 기 명
兒有一分孝하면 君就揚其名이라

대 친 암 대 아 명　　수 식 고 당 양 자 심
待親暗待兒明하니 誰識高堂養子心고

권 군 만 신 아 조 효
勸君漫信兒曹孝하라
아 조 양 자 재 군 신
兒曹樣子在君身이니라.

8

어버이는 충분한 사랑함이 있으나 그대는 그 은혜를 생각하지 아니하고, 자식이 조금이라도 효도함이 있으면 그대는 곧 그 이름을 드러낸다. 어버이를 대접함엔 어둡고 자식을 대함엔 밝으니, 누가 어버이의 자식 기르는 마음을 알까? 그대에게 권하노니, 아이들의 효도를 믿지 말라. 아이들의 본보기가 그대 자신에게 있다.

✓ 親: 어버이 친. 慈: 사랑할 자. 君: 그대 군. 念: 생각할 염(념). 其: 그 기. 恩: 은혜 은. 兒: 아이 아. 就: 곧 취. 揚: 드날릴 양. 待: 상대할 대. 暗: 어두울 암. 誰: 누구 수. 識: 알 식. 養: 기를 양. 勸: 권할 권. 漫: 아득할 만. 曹: 무리 조. 樣: 본보기 양.

✓ 十分: 매우 많음 혹은 충분한 모양. 一分은 1/10, 十分은 10/10 즉 100%를 뜻함.

✓ 高堂: 높은 집 혹은 훌륭한 집. 남의 집을 높여 부르는 말.

✓ 樣子: 형식, 보범, 본보기.

23 효행편(속)孝行篇(續)

효행에 관한 글(속편)

내용요약

•

'효행편'은 '효행에 관한 글(총 3장)'을 모아두었다. 전반부 효행편은 짧은 명언이나 격언을 모아 둔 반면, 여기에서는 효행에 관한 이야기를 보충해 넣었다. 『효경孝經』과 『소학小學』에서는 효도에 대해 다음과 같이 말하고 있다. "내 몸과 머리카락과 피부는 부모님으로부터 받은 것이니, 감히 몸을 상하지 않는 것이 효도의 시작이다. 몸을 세우고 도道를 행하여 후세에 이름을 떨쳐 부모님을 드러내는 것이 효도의 끝이다."

율곡栗谷 이이李珥는 『격몽요결擊蒙要訣』 '사친事親' 장에서 "사람이 부모에게 효도해야 한다는 것을 알면서도 실제로 효도하는 사람이 매우 적은 것은 부모님의 은혜를 깊이 깨닫지 못하기 때문이다. …… 일상생활에서 잠시라도 부모를 잊지 않아야 효도라고 말할 수 있다. 자기 몸을 움직일 때에 공손하게 하지 않고, 말을 할 때에 법도가 없으며, 매일같이 놀면서 세월만 허비하는 사람은 모두 부모를 잊고 사는 자들이다. 세월은 흐르는 물과 같아서 한 순간도 멈추지 않는다. 부모를 섬기는 것도 오래도록 지속할 수 없는 것이다. 그러므로 자식된 자는 반드시 부모님께 정성을 다하고 힘을 다하여 항상 자기 노력이 부족하지 않은 지를 걱정해야 한다. 옛날 사람이 시詩를 지어 '옛사람은 하루 동안 부모 섬기는 것을 삼공三公의 높은 벼슬과도 바꾸지 않았다'고 했는데, 세월을 아낀다는 것이 바로 이와 같은 것이다."라고 말했다.

풍수지탄風樹之嘆이란 말이 있다. 직역하면 '바람과 나무의 한탄'이란 뜻이다. 바람과 나무를 의인화擬人化하여 표현한 고사성어인데, 『한시외전韓詩外傳』에서 유래한 말이다. 그 내용은 아래와 같다. 어느 날 공자가 길을 가다가 누군가 몹시 슬피 우는 소리를 들었다. 수레를 몰아 소리가 나는 곳으로 가서 보니 고어皐魚라는 사람이 있었다. 그는 자신이 우는 까닭을 이렇게 설명했다. "저는 세 가지 잘못을 저질렀습니다. 첫째, 젊었을 때 천하를 돌아다니다가 집에 돌아와 보니 부모님이 이미 세상을 떠나셨습니다. 둘째, 섬기고 있던 군주가 사치를 좋아하고 충언을 듣지 않아 그에게서 도망쳐 왔습니다. 셋째, 부득이한 사정으로 사귀던 친구와 교제를 끊었습니다. 무릇 나무는 가만히 있고자 하나 바람이 그치지 않고[樹欲靜而風不止], 자식이 부모를 모시고자 하나 부모님은 기다려주지 않습니다[子欲養而親不待]. 이미 돌아가시고 나면 만날 수 없는 것이 부모님입니다. 그러니 저는 이제 세상을 하직하고 싶습니다."고 말하고 그는 나무에 기대어 죽고 말았다. 이에 공자는 제자들을 돌아보며 말하였다. "이 말을 명심하거라. 훈계로 삼을 만하지 않겠느냐?" 그러자 공자를 따르던 제자들 중에 하직 인사를 하고 고향으로 돌아가 어버이를 섬긴 자가 13명이나 되었다고 한다.

• 손순이 집이 가난하여 그의 아내와 더불어 남의 집에 품팔이를 하여 그 어머니를 봉양하였는데, 아이가 있어 언제나 어머니의 잡수시는 것을 빼앗는지라, 순이 아내에게 말하기를 "아이가 어머니의 잡수시는 것을 빼앗으니 아이는 또 얻을 수 있거니와 어머니는 다시 구하기 어렵다." 하고, 마침내 아이를 업고 귀취산 북쪽 교외로 가서 묻으려고 땅을 팠는데, 문득 매우 이상한 석종이 있거늘 놀랍고 괴이하게 여겨 시험 삼아 두드려 보니 소리가 멀리 퍼져 사랑스러웠다. 아내가 말하기를, "이 기이한 물건을 얻은 것은 아마 아이의 복일 듯하니 땅에 묻는 것은 옳지 못합니다." 하자, 손순도 그렇게 생각하여 아이와 종을 가지고 집으로 돌아와 대들보에 매달고 이것을 쳤다. 임금이 종소리가 맑고 멀리 퍼져 이상함을 듣고 그 사실을 자세히 물어서 알고 말하기를, "옛 적에 곽거가 아들을 묻었을 때엔 하늘이 금으로 만든 솥을 주시더니 이제 손순이 아들을 묻자 땅에서 석종이 나왔으니 앞과 뒤가 서로 꼭 맞는다." 하고, 집 한 채를 주고 해마다 쌀 50석을 주었다.

• 상덕은 흉년들고 열병이 유행하는 때를 만나 부모가 굶주리고 병들어 거의 죽게 되었다. 상덕이 낮이나 밤이나 옷을 벗지 않고 정성을 다하여 위안하였으되, 봉양할 것이 없으면 넓적다리 살을 베어 잡수시게 하고, 어머니가 종기가 나자 입으로 빨아 곧 낫게 하였다. 임금이 (이 소식을 듣고) 가상하게 여겨 물건을 하사하기를 매우 후하게 하고, 명하여 그 마을에 정려문을 세우게 하고 비석을 세워 이 일을 기록하게 하였다.

• 도씨는 집이 가난하였으나 효성이 지극하였다. 숯을 팔아 고기를

사서 어머니의 반찬을 빠짐없이 공양하였다. 하루는 시장에서 늦어 바삐 돌아오는데 솔개가 갑자기 고기를 채 가거늘 도씨가 슬피 울부짖으며 집에 돌아와 보니 솔개가 이미 고기를 집안 뜰에 던져 놓았다. 하루는 어머니가 병이 나서 제철이 아닌 홍시를 찾거늘 도씨가 감나무 숲을 방황하여 날이 저문 것도 모르고 있었는데, 호랑이가 있어 여러 번 앞길을 가로막고 타라는 뜻을 표시하였다. 도씨가 호랑이를 타고 백 여리나 되는 산동네에 이르러 인가를 찾아 투숙하였는데, 얼마 후 집주인이 제삿밥을 차려 내오는데 홍시가 있었다. 도씨는 기뻐하여 감의 내력을 묻고 또 자신의 뜻을 말하자, 대답하여 말하기를, "돌아가신 아버지께서 감을 즐기셨으므로 해마다 가을에 감 200개를 골라 굴 안에 감추어 두되 이 5월에 이르면 완전한 것이 7·8개에 지나지 않았는데 올해는 50개의 완전한 것을 얻었으므로, 마음속에 이상하게 여겼더니, 이것은 하늘이 그대의 효성에 감동한 것이다." 하고는 20개를 내주었다. 도씨가 감사인사를 하고 문밖에 나오니, 호랑이가 아직도 엎드려 기다리고 있었다. 호랑이를 타고 집에 돌아오니 새벽닭이 울었다. 뒤에 어머니가 천명天命으로 돌아가시자, 도씨는 피눈물을 흘렸다.

손순 가빈 여기처
孫順이 家貧하여 與其妻로

용작인가이양모 유아매탈모식
傭作人家以養母할새 有兒每奪母食이라

순 위처왈 아탈모식 아
順이 謂妻曰 兒奪母食하니 兒는

가득 모난재구
可得이어니와 母難再求라하고

내부아왕귀취산북교 욕매굴지
乃負兒往歸醉山北郊하여 欲埋掘地러니

홀유심기석종 경괴시당지
忽有甚奇石鍾이어늘 驚怪試撞之하니

용용가애 처왈 득차기물
舂容可愛라. 妻曰 得此奇物은

태아지복 매지불가 순
殆兒之福이라 埋之不可라한대 順이

이위연 장아여종환가
以爲然하여 將兒與鍾還家하여

현어량당지 왕
懸於樑撞之러니 王이

문종성청원이상이핵문기실
聞鍾聲淸遠異常而覈聞其實하고

왈 석 곽거매자 천사금부
曰 昔에 郭巨埋子엔 天賜金釜러니

금손순매아 지출석종
今孫順埋兒엔 地出石鍾하니

전후부동
前後符同이라하고

사 가 일 구　　세 급 미 오 십 석

賜家一區하고 歲給米五十石하니라.

1

손순孫順이 집이 가난하여 그의 아내와 더불어 남의 집에 품팔이를 하여 그 어머니를 봉양하였는데, 아이가 있어 언제나 어머니의 잡수시는 것을 빼앗는지라, 순順이 아내에게 말하기를 "아이가 어머니의 잡수시는 것을 빼앗으니 아이는 또 얻을 수 있거니와 어머니는 다시 구하기 어렵다." 하고, 마침내 아이를 업고 귀취산歸醉山 북쪽 교외로 가서 묻으려고 땅을 팠는데, 문득 매우 이상한 석종石鍾이 있거늘 놀랍고 괴이하게 여겨 시험삼아 두드려 보니 소리가 멀리 퍼져 사랑스러웠다. 아내가 말하기를, "이 기이한 물건을 얻은 것은 아마 아이의 복일 듯하니 땅에 묻는 것은 옳지 못합니다." 하자, 손순도 그렇게 생각하여 아이와 종을 가지고 집으로 돌아와 대들보에 매달고 이것을 쳤다. 임금이 종소리가 맑고 멀리 퍼져 이상함을 듣고 그 사실을 자세히 물어서 알고 말하기를, "옛 적에 곽거郭巨가 아들을 묻었을 때엔 하늘이 금으로 만든 솥을 주시더니 이제 손순이 아들을 묻자 땅에서 석종이 나왔으니 앞과 뒤가 서로 꼭 맞는다." 하고, 집 한 채를 주고 해마다 쌀 50석을 주었다.

✓ 傭: 품팔이 용. 作: 일할 작. 奪: 빼앗을 탈. 難: 어려울 난. 負: 질 부. 醉: 취할 취. 埋: 묻을 매. 掘: 팔 굴. 忽: 갑자기 홀. 甚: 매우 심. 奇: 신기할 기. 鍾: 종 종. 驚: 놀랄 경. 怪: 괴이할 괴. 撞: 칠 당. 舂: 종용할 용, 절구 용. 殆: 자못 태. 將: 받들 장. 懸: 매달 현. 樑: 들보 량. 覈: 조사할 핵. 郭: 성 곽. 賜: 줄 사. 釜: 가마솥 부.

符: 들어맞을 부. 給: 줄 급. 石: 섬 석.

✓ 孫順: 경주 손씨慶州孫氏의 시조로서 신라 42대 홍덕왕興德王 때 신라 삼기三器의 하나인 석종石鐘을 얻은 효자.

✓ 郭巨: 중국 후한後漢 때의 효자. 하서河西 지역의 융려隆慮 사람. 중국의 이름난 효자 24명 중 한 사람.

상덕 치년황려역 부모기병빈사
尙德이 値年荒癘疫하여 父母飢病瀕死라

상덕 일야불해의 진성안위
尙德이 日夜不解衣하고 盡誠安慰하되

무이위양 즉규비육식지
無以爲養이면 則刲髀肉食之하고

모발옹 연지즉유 왕 가지
母發癰에 吮之卽癒라. 王이 嘉之하여

사뢰심후 명정기문
賜賚甚厚하고 命旌其門하고

입석기사
立石紀事하니라.

상덕尙德은 흉년들고 열병이 유행하는 때를 만나 부모가 굶주리고 병들어 거의 죽게 되었다. 상덕이 낮이나 밤이나 옷을 벗지 않고 정성을 다하여 위안하였으되, 봉양할 것이 없으면 넓적다리 살을 베어 잡수시게 하고, 어머니가 종기가 나자 입으로 빨아 곧 낫게 하였다. 임금이 (이 소식을 듣고) 가상하게 여겨 물건을 하사하기를 매우 후하게 하고, 명하여 그 마을에 정려문旌閭門을 세우게 하고 비석을 세워 이 일을 기록하게 하였다.

✓ 値: 만날 치. 荒: 흉년들 황. 癘: 질병 여(려). 疫: 질병 역. 濱: 물가 빈, 가까울 빈. 慰: 위로할 위. 刲: 저밀 규. 髀: 다리 비(폐). 食: 먹일 사. 癰: 종기 옹. 吮: 빨 연. 癒: 병나을 유. 嘉: 가상할 가. 賚: 줄 뇌(뢰). 旌: 표할 정. 紀: 기록할 기.

✓ 尙德: 신라 때 효성이 지극한 사람.

✓ 命旌其門: 충신이나 효자, 열녀를 기리기 위해 그 사람이 사는 마을에 정려문旌閭門을 세우고 그 안에 그 사실을 기록한 현판懸板을 게시하는 일.

도씨가빈지효 매탄매육
都氏家貧至孝라 賣炭買肉하여

무궐모찬 일일 어시
無闕母饌이러라. 一日은 於市에

만이망귀 연홀확육
晩而忙歸러니 鳶忽攫肉이어늘

도비호지가 연기투육어정
都悲號至家하니 鳶旣投肉於庭이러라.

일일 모병색비시지홍시
一日은 母病索非時之紅柿어늘

도방황시림 불각일혼
都彷徨柿林하여 不覺日昏이러니

유호루차전로 이시승의
有虎屢遮前路하고 以示乘意라.

도승지백여리산촌 방인가투숙
都乘至百餘里山村하여 訪人家投宿이러니

아이주인 궤제반이유홍시
俄而主人이 饋祭飯而有紅柿라.

도희 문시지래역 차술기의
都喜하여 問柿之來歷하고 且述己意한대

답왈 망부기시 고 매추
答曰 亡父嗜柿라. 故로 每秋에

택시이백개 장제굴중
擇柿二百個하여 藏諸窟中하여

이지차오월 즉완자불과칠팔
而至此五月이면 則完者不過七八이라가

금득오십개완자 고 심이지
今得五十個完者라. 故로 心異之러니

시천감군효 유이이십과
是天感君孝라하고 遺以二十顆어늘

도사출문외 호상사복
都謝出門外하니 虎尙俟伏이라

승지가 효계악악 후
乘至家하니 曉雞喔喔이러라. 後에

모이천명 종 도유혈루
母以天命으로 終에 都有血淚러라.

도씨都氏는 집이 가난하였으나 효성이 지극하였다. 숯을 팔아 고기를 사서 어머니의 반찬을 빠짐없이 공양하였다. 하루는 시장에서 늦어 바삐 돌아오는데 솔개가 갑자기 고기를 채 가거늘 도씨가 슬피 울부짖으며 집에 돌아와 보니 솔개가 이미 고기를 집안 뜰에 던져 놓았다. 하루는 어머니가 병이 나서 제철이 아닌 홍시를 찾거늘 도씨가 감나무 숲을 방황하여 날이 저문 것도 모르고 있었는데, 호랑이가 있어 여러 번 앞길을 가로막고 타라는 뜻을 표시하였다. 도씨가 호랑이를 타고 백 여리나 되는 산동네에 이르러 인가人家을 찾아 투숙하였는데, 얼마 후 집주인이 제삿밥을 차려 내오는데 홍시가 있었다. 도씨는 기뻐하여 감의 내력을 묻고 또 자신의 뜻을 말하자, 대답하여 말하기를, "돌아가신 아버지께서 감을 즐기셨으므로 해마다 가을에 감 200개를 골라 굴 안에 감추어 두되 이 5월에 이르면 완전한 것이 7-8개에 지나지 않았는데 올해는 50개의 완전한 것을 얻었으므로, 마음속에 이상하게 여겼더니, 이것은 하늘이 그대의 효성에 감동한 것이다." 하고는 20개를 내주었다. 도씨가 사례하고 문밖에 나오니, 호랑이가 아직도 엎드려 기다리고 있었다. 호랑이를 타고 집에 돌아오니 새벽닭이 울었다. 뒤에 어머니가 천명天命으로 돌아가시자, 도씨는 피눈물을 흘렸다.

✓ 都: 도읍 도. 賣: 팔 매. 炭: 숯 탄. 買: 살 매. 闕: 빠뜨릴 궐. 饌: 반찬 찬. 晩: 늦을 만. 忙: 바쁠 망. 鳶: 솔개 연. 攫: 움켜쥘 확. 號: 부르짖을 호. 旣: 이미 기. 投: 던질 투. 庭: 뜰 정. 索: 찾을 색. 柿: 감 시. 彷: 방황할 방. 徨: 방황할 황. 覺: 깨달을 각. 昏: 어두울 혼. 屢: 자주 누(루). 遮: 막을 차. 乘: 탈 승. 餘: 남을 여. 訪: 찾을 방. 宿: 잠잘 숙. 俄: 잠시 아. 饋: 먹일 궤. 飯: 밥 반. 喜: 기쁠 희. 歷: 지낼 역(력). 嗜: 즐길 기. 擇: 가릴 택. 藏: 감출 장. 諸: 어조사 저. 窟: 구멍 굴. 顆: 덩이 과. 俟: 기다릴 사. 曉: 새벽 효. 雞: 닭 계(=鷄). 喔: 울 악. 血: 피 혈. 淚: 눈물 누(루).

✓ 都氏: 조선朝鮮 철종哲宗 때 사람.

24 염의편廉義篇

청렴淸廉과 의리義理에 관한 글

내용요약

•

'염의편'은 '청렴과 의리에 관한 글(총 3장)'을 모아두었다. 청렴과 의리를 지킨 조선의 대표적인 선비가 바로 다산茶山 정약용丁若鏞이다. 다산은 28세에 과거에 급제한 후, 희정당熙政堂에서 정조正祖를 뵙고 나와 자신의 각오를 아래와 같은 오언율시五言律詩로 남겼다. "임금님 앞에서 여러 번 과거시험에 응시하여 마침내 벼슬 없는 선비의 옷을 벗는 영광을 얻었네. 하늘의 이치는 깊고 깊어 나와 같은 하찮은 사람을 후하게 키워주셨네. 나는 둔하고 재주가 없어 임무수행이 어렵겠지만, 공정과 청렴으로 정성을 바치길 원하네. 임금님께서 내게 주신 많은 격려의 말씀은 연로하신 부모님에게 큰 위로가 되었네.(屢應臨軒試, 終紆釋褐榮. 上天深造化, 微物厚生成. 鈍拙難充使, 公廉願效誠. 玉音多激勵, 頗慰老親情.)"

이 시에서 주목할 만한 구절은 "공정과 청렴으로 정성을 바치길 원하네(公廉願效誠)"이다. 다산은 자신에 대해 '둔하고 졸렬하여 맡겨진 소임을 감당하기에 부족한 사람(鈍拙難充使)'이라고 말한다.

과거시험에서 장원급제한 다산이 이런 말을 한다는 것은 그가 얼마나 겸손한 사람이었는지를 잘 보여준다. 그런데 바로 이어지는 구절에서 다산은 극적인 반전을 보여준다. 맡겨진 임무를 수행하기에 부족한 사람으로서 자신이 할 수 있는 것은 오직 공정과 청렴이라는 것이다. 결국 임금과 백성을 위해 자신이 할 수 있는 것은 공정과 청렴, 정성[성실]뿐이란 뜻이다. 다산의 이 시는 250여 년이 지난 현재에도 대한민국 공무원을 대상으로 한 청렴교육의 지침이 되고 있다. 대한민국 공무원은 성실의무, 복종의무, 친절공정의무, 비밀엄수의무, 청렴의무, 품위유지의무 등 대략 6가지 의무를 가진다. 여기에서 복종과 비밀엄수를 빼면, 6가지 중 4가지가 공정·청렴·성실과 관련이 있다. 그만큼 공정과 청렴, 성실이 공직자로서 중요한 덕목인 것이다.

다산은 18년간 강진 유배생활을 마치고 풀려난 후 지방관[목민관牧民官]이 지켜야 할 지침들을 모아 『목민심서牧民心書』를 펴냈다. 다산은 책의 서문序文에서 "군자의 학문은 수신修身이 반이요, 나머지 반은 목민牧民이다.(君子之學, 修身爲半, 其半牧民也.)"라고 말했다. 이 말은 군자의 학문이 무엇을 목표로 삼아야 할지를 잘 보여준다. 수신이란 자신의 부족한 학문과 인격을 쌓는 일이며, 목민은 백성을 다스리고 민생을 책임지는 것이다. 이처럼 군자는 자기의 부족함을 채우고 타인을 가르치고 다스려 모두가 함께 행복한 공동체를 만드는 것을 궁극적인 지향으로 삼는다. 이런 큰 과업을 이루는 과정에서 중요한 것이 바로 청렴과 의리이다.

• 인관이 시장에서 솜을 파는데 서조라는 사람이 곡식으로써 솜을

사 가지고 돌아가더니 솔개가 그 솜을 채 가지고 인관의 집에 떨어뜨렸다. 인관이 서조에게 솜을 돌려보내며 말하기를, "솔개가 당신의 솜을 내 집에 떨어뜨렸으므로 당신에게 돌려보낸다." 하니, 서조는 말하기를, "솔개가 솜을 채다가 당신에게 준 것은 하늘이 한 일이니, 내가 어찌 받겠는가?" 하였다. 인관이 말하기를, "그렇다면 (솜 값으로 받은) 당신의 곡식을 돌려보내겠다." 하자, 서조가 말하기를, "내가 당신에게 준 지가 벌써 두 장이 지났으니, 곡식은 이미 당신에게 귀속되었다." 하였다. 두 사람이 서로 사양하다가 솜과 곡식을 다 함께 시장에 버리니, 시장을 맡아 다스리는 관원이 이 사실을 임금께 아뢰어 모두 벼슬을 주었다.

• 홍공 기섭이 젊었을 때 매우 가난하여 아무런 즐거움이 없었는데, 어느 날 아침에 어린 계집종이 기뻐 뛰며 달려와 돈 일곱 냥을 바치며 말하기를, "이것이 솥 안에 있었으니, 쌀이 몇 섬일 수 있고, 나무가 몇 바리일 수 있습니다. 참으로 하늘이 주신 것입니다." 하였다. 공이 놀라 말하기를, "이것이 어디에서 생긴 돈이냐?" 하고 곧 돈 잃어버린 사람은 와서 찾아가라는 글을 써서 대문에 붙여 놓고 기다렸다. 얼마 후 유가라는 사람이 찾아와 글 뜻을 묻자, 공은 자세히 그 내용을 말해 주었다. 유가가 말하기를, "이치상 남의 솥 안에 돈을 잃어버리는 일은 없으니, 참으로 하늘이 주신 것입니다. 왜 그냥 가지지 않으십니까?" 하였다. 공이 말하기를, "나의 물건이 아닌데 어찌 갖겠소!" 하였다. 유가가 엎드려 말하기를, "소인이 어젯밤에 솥을 훔치러 왔다가 도리어 가세가 너무 쓸쓸한 것을 불쌍히 여겨 이것을 놓고 돌아갔습니다. 지금 공의 청렴에 감동하고 양심이 저절로 이제 다시는 도

둑질을 하지 않을 것을 맹세하고, 앞으로는 항상 옆에서 모시기를 원하오니 염려 마시고 가지십시오." 하였다. 공이 곧장 돈을 돌려주며 말하기를, "당신이 착하게 된 것은 좋으나 이 돈은 취할 수 없소." 하고 끝내 받지 않았다. 뒤에 공은 판서가 되고 그의 아들 재룡은 헌종 임금의 장인이 되었으며, 유가 또한 신임을 얻어 자신과 집안이 크게 번창하였다.

- 고구려 평원왕의 딸이 어렸을 때 울기를 좋아하니, 왕이 장난치며 말하기를, "너를 장차 바보 온달에게 시집보내리라"하였다. 딸이 자라남에 상부 고씨에게 시집을 보내려 하니, 딸이 '임금은 약속을 어겨서는 안 된다고' 하여 굳이 사양하고 마침내 온달의 아내가 되었다. 온달은 집이 가난하여 구걸하여 어머니를 봉양하니 당시 사람들이 그를 '바보 온달'이라고 하였다. 어느 날 온달이 산 속으로부터 느릅나무 껍질을 짊어지고 돌아오니, 임금의 딸이 찾아와 보며 말하기를, "내가 바로 당신의 아내입니다" 하고는 곧바로 머리의 장신구를 팔아 밭과 집과 여러 물건들을 사서 매우 부유하게 되었으며, 말을 많이 길러 온달을 도와 마침내 훌륭하게 되었다.

인관 배면어시
印觀이 賣綿於市할새

유서조자이곡배지이환 유연
有署調者以穀買之而還이러니 有鳶이

확기면 타인관가 인관
攫其綿하여 墮印觀家어늘 印觀이

귀우서조왈 연타여면어오가
歸于署調曰 鳶墮汝綿於吾家라

고 환여 서조왈 연
故로 還汝하노라. 署調曰 鳶이

확면여여 천야 오하수위
攫綿與汝는 天也라 吾何受爲리오.

인관왈 연즉환여곡
印觀曰 然則還汝穀하리라.

서조왈 오여여자시이일
署調曰 吾與汝者市二日이니

곡이속여의 이인 상양
穀已屬汝矣라하고 二人이 相讓이라가

병기어시 장시관 이문왕
幷棄於市하니 掌市官이 以聞王하여

병사작
並賜爵하니라.

1

인관印觀이 시장에서 솜을 파는데 서조署調라는 사람이 곡식으로써 솜을 사 가지고 돌아가더니 솔개가 그 솜을 채 가지고 인관의 집에 떨어뜨렸다. 인관이 서조에게 솜을 돌려보내며 말하기를, "솔개가 당신의 솜을 내 집에 떨어뜨렸으므로 당신에게 돌려보낸다." 하니, 서조는 말하기를, "솔개가 솜을 채다가 당신에게 준 것은 하늘이 한 일이니, 내가 어찌 받겠는가?" 하였다. 인관이 말하기를, "그렇다면 (솜 값으로 받은) 당신의 곡식을 돌려보내겠다." 하자, 서조가 말하기를, "내가 당신에게 준 지가 벌써 두 장[市]이 지났으니, 곡식은 이미 당신에게 귀속되었다." 하였다. 두 사람이 서로 사양하다가 솜과 곡식을 다 함께 시장에 버리니, 시장을 맡아 다스리는 관원이 이 사실을 임금께 아뢰어 모두 벼슬을 주었다.

✓ 印: 도장 인. 觀: 볼 관. 緜: 솜 면. 署: 관청 서. 調: 고를 조. 鳶: 솔개 연. 攫: 움켜쥘 확. 穀: 곡식 곡. 墮: 떨어질 타. 與: 줄 여. 屬: 붙일 속. 讓: 사양할 양. 幷: 함께 병. 棄: 버릴 기. 掌: 맡을 장. 官: 벼슬 관. 賜: 줄 사. 爵: 벼슬 작.

✓ 印觀 · 署調: 신라 때 사람들.

홍공기섭 소빈심무료 일일조
洪公耆燮이 少貧甚無聊러니 一日朝에

비아용약헌칠양전왈 차재정중
婢兒踊躍獻七兩錢曰 此在鼎中하니

미가수석 시가수타
米可數石이요 柴可數駄니

천사천사 공경왈 시하금
天賜天賜니이다. 公驚曰 是何金고하고

즉서실금인추거등자
卽書失金人推去等字하여

부 지 문 미 이 대
付之門楣而待러니

아 이 성 유 자 래 문 서 의
俄而姓劉者來問書意어늘

공 실 언 지 유 왈 리 무 실 금 어 인 지 정 내
公悉言之한대 劉曰 理無失金於人之鼎內하니

과 천 사 야 합 취 지
果天賜也라 盍取之닛고.

공 왈 비 오 물 하
公曰 非吾物에 何오

유 부 복 왈 소 적 작 야 위 절 정 래
劉俯伏曰 小的이 昨夜에 爲竊鼎來라가

환 련 가 세 소 조 이 시 지
還憐家勢蕭條而施之러니

금 감 공 지 렴 개 양 심 자 발
今感公之廉价하고 良心自發하여

서 불 갱 도 원 욕 상 시
誓不更盜하고 願欲常侍하오니

물 려 취 지
勿慮取之하소서.

공 즉 환 금 왈 여 지 위 양 즉 선 의
公卽還金曰 汝之爲良則善矣나

금 불 가 취 종 불 수
金不可取라하고 終不受하니라.

후 공 위 판 서 기 자 재 룡
後에 公爲判書하고 其子在龍이

위 헌 종 국 구 유 역 견 신
爲憲宗國舅하며 劉亦見信하여

身家大昌(신가대창)하니라.

2

홍공洪公 기섭耆燮이 젊었을 때 매우 가난하여 아무런 즐거움이 없었는데, 어느 날 아침에 어린 계집종이 기뻐 뛰며 달려와 돈 일곱 냥을 바치며 말하기를, "이것이 솥 안에 있었으니, 쌀이 몇 섬일 수 있고, 나무가 몇 바리일 수 있습니다. 참으로 하늘이 주신 것입니다." 하였다. 공이 놀라 말하기를, "이것이 어디에서 생긴 돈이냐?" 하고 곧 돈 잃어버린 사람은 와서 찾아가라는 글을 써서 대문에 붙여 놓고 기다렸다. 얼마 후 유가劉哥라는 사람이 찾아와 글 뜻을 묻자, 공은 자세히 그 내용을 말해 주었다. 유가가 말하기를, "이치상 남의 솥 안에 돈을 잃어버리는 일은 없으니, 참으로 하늘이 주신 것입니다. 왜 그냥 가지지 않으십니까?" 하였다. 공이 말하기를, "나의 물건이 아닌데 어찌 갖겠소!" 하였다. 유가가 엎드려 말하기를, "소인이 어젯밤에 솥을 훔치러 왔다가 도리어 가세家勢가 너무 쓸쓸한 것을 불쌍히 여겨 이것을 놓고 돌아갔습니다. 지금 공의 청렴淸廉에 감동하고 양심이 저절로 이제 다시는 도둑질을 하지 않을 것을 맹세하고, 앞으로는 항상 옆에서 모시기를 원하오니 염려 마시고 가지십시오." 하였다. 공이 곧장 돈을 돌려주며 말하기를, "당신이 착하게 된 것은 좋으나 이 돈은 취할 수 없소." 하고 끝내 받지 않았다. 뒤에 공은 판서가 되고 그의 아들 재룡在龍은 헌종憲宗 임금의 장인丈人이 되었으며, 유가 또한 신임을 얻어 자신과 집안이 크게 번창하였다.

✓ 洪: 큰 물 홍. 耆: 늙을 기. 燮: 빛날 섭. 聊: 의지할 요(료). 朝: 아침 조. 婢: 여종 비. 踊: 뛸 용. 躍: 뛸 약. 獻: 바칠 헌. 錢: 돈 전. 鼎: 솥 정. 石: 섬 석. 柴: 땔감나무 시. 駄: 짐실을 태. 賜: 줄 사. 驚: 놀랄 경. 卽: 곧 즉. 推: 찾을 추. 等: 등 등. 付: 붙일 부. 楣: 문설주 미. 待: 기다릴 대. 俄: 잠시 아. 劉: 성씨 유(류). 悉: 모두 실. 果: 과연 과. 盍: 어찌 아니할 합[何不]. 俯: 구부릴 부. 伏: 엎드릴 복. 昨: 어제 작. 窃: 훔칠 절. 還: 도리어 환. 憐: 불쌍이 여길 연(련). 勢: 형세 세. 蕭: 쓸쓸할 소. 條: 가지 조. 施: 베풀 시. 感: 느낄 감. 廉: 청렴할 염(렴) 价: 청렴할 개. 誓: 맹세할 서. 更: 다시 갱. 盜: 훔칠 도. 願: 원할 원. 侍: 모실 시. 慮: 생각할 여(려). 還: 돌려줄 환. 汝: 너 여. 良: 착할 양(량). 終: 마침내 종. 受: 받을 수. 判: 판가름할 판. 憲: 법 헌. 舅: 장인 구.

✓ 小的: 작고 미천한 존재, 소인小人을 가리키는 말.

✓ 推去: 찾아내 가져 감.

✓ 蕭條: 쓸쓸함.

✓ 國舅: 임금의 장인丈人.

✓ 洪耆燮: 조선 순조純祖 때 사람.

고 구 려 평 원 왕 지 녀 유 시 호 제
高句麗平原王之女가 幼時에 好啼러니

왕 희 왈 이 여 장 귀 우 온 달
王戲曰 以汝로 將歸愚溫達하리라

급 장 욕 하 가 우 상 부 고 씨
及長에 欲下嫁于上部高氏한대

여 이 왕 불 가 식 언 고 사
女以王不可食言이라하여 固辭하고

종 위 온 달 지 처 개 온 달 가 빈
終爲溫達之妻하니라. 蓋溫達이 家貧하여

행걸양모 시인 목위우온달야
行乞養母하니 時人이 目爲愚溫達也러라.

일일 온달 자산중
一日은 溫達이 自山中으로

부유피이래 왕녀방견왈
負楡皮而來하니 王女訪見曰

오내자지필야 내매수식
吾乃子之匹也라하고 乃賣首飾하여

이매전택기물파부
而買田宅器物頗富하고

다양마이자온달 종위현영
多養馬以資溫達하여 終爲顯榮하니라.

3

고구려 평원왕平原王의 딸이 어렸을 때 울기를 좋아하니, 왕이 장난치며 말하기를, "너를 장차 바보 온달溫達에게 시집보내리라"하였다. 딸이 자라남에 상부上部 고씨高氏에게 시집을 보내려 하니, 딸이 '임금은 약속을 어겨서는 안 된다고' 하여 굳이 사양하고 마침내 온달의 아내가 되었다. 온달은 집이 가난하여 구걸하여 어머니를 봉양하니 당시 사람들이 그를 '바보 온달'이라고 하였다. 어느 날 온달이 산 속으로부터 느릅나무 껍질을 짊어지고 돌아오니, 임금의 딸이 찾아와 보며 말하기를, "내가 바로 당신의 아내입니다" 하고는 곧바로 머리의 장신구를 팔아 밭과 집과 여러 물건들을 사서 매우 부유하게 되었으며, 말을 많이 길러 온달을 도와 마침내 훌륭하게 되었다.

✓ 句: 글귀 구. 麗: 고울 여(려). 原: 언덕 원. 啼: 울 제. 戲: 놀릴 희. 汝: 너 여. 將: 장차 장. 歸: 시집보낼 귀. 于: 어조사 우(=於). 愚: 어리석을 우. 溫: 따뜻할 온. 達: 도달할 달. 嫁: 시집갈 가. 部: 마을 부. 固: 굳을 고. 辭: 사양할 사. 妻: 아내 처. 蓋: 대개 개. 乞: 구걸할 걸. 目: 지목할 목. 負: 질 부. 楡: 느릅나무 유. 皮: 껍질 피. 訪: 찾을 방. 吾: 나 오. 乃: 곧 내. 子: 당신 자. 匹: 짝 필. 賣: 팔 매. 飾: 꾸밀 식. 買: 살 매. 宅: 집 택. 頗: 자못(매우) 파. 富: 부유할 부. 資: 도울 자. 終: 마침내 종. 顯: 나타날 현. 榮: 영화로울 영.

✓ 平原王: 고구려 제25대(재위: 559–590) 왕.

✓ 溫達: 고구려 평원왕 때의 장군으로서 북주北周 무제武帝의 군대와 싸워 큰 공功을 세워 대형大兄이라는 벼슬에 올랐다.

✓ 食言: 약속을 어김.

25 권학편勸學篇

배움을 권장勸奬하는 글

내용요약

•

'권학편'은 '배움을 권장하는 글(총 4장)'을 모아두었다. 절차탁마切磋琢磨라는 말이 있다. 옥이나 뿔 따위를 갈고 닦아서 빛을 낸다는 뜻이다. 절切은 뼈[상아]를 자르는 것, 차磋는 뼈를 다듬는 것, 탁琢은 옥[돌]을 쪼는 것, 마磨는 옥의 표면을 매끄럽게 갈아내는 것이다. 절차탁마를 통해 귀한 기물器物을 만드는 것처럼 사람도 끊임없이 배우고 수양해야 함을 비유한 말이다.

절차탁마란 본래 위衛나라 사람이 주周나라 무왕武王의 덕을 칭송하며 '훌륭하신 우리 임금은 뼈와 상아 다듬은 듯 옥과 돌을 간 듯하다'는 시詩에서 유래한 말이다. 『시경詩經』·「위풍衛風」의 '기욱淇奧' 편에 나온 이 시는 『논어論語』·「학이學而」 편에서 공자와 자공子貢의 대화에 등장한다. 어느 날 제자 자공이 물었다. "가난해도 아첨하지 않고 부유해도 교만하지 않으면 어떻습니까?" 공자가 말했다. "괜찮다. 그러나 가난해도 즐거워하며, 부유해도 예禮를 좋아하는 것만 못하다." 자공이 물었다. "『시경』에서 '자르는 듯하고 가는 듯하며, 쪼는 듯하고 가는 듯하다'는 것이 바로 이 말이군요." 공자가 말했다. "너와 더불어 시詩를 말할 수 있겠구나. 지나간 것을 말해주니 올 것을 아는구나." 공자는 자신의 말을 정확히 이해하고 있는 자공을 격려하며 높이 추켜세웠다.

아무리 좋은 옥돌이나 상아라도 자르고 끊고 쪼고 갈지 않는다면 그저 돌멩이와 뼈 조각일 뿐이다. 통나무도 잘 다듬어야 훌륭한 건물의 대들보와 기둥이 될 수 있다. 사람도 마찬가지다. 배움을 통해 자신을 갈고 닦지 않는다면, 결국 아무짝에도 쓸모없는 사람이 될 수밖에 없다. 끊임없이 배우고 익히며, 깨달은 것을 실천하려 노력하는 것을 공자는 호학好學이라고 말한다.

흔히 배움을 학문學問이라고 한다. 학문이란 책만 읽고 달달 외우는 것이 능사는 아니다. 학문이란 글자 그대로 배우고[學] 묻는[問] 과정의 연속이기 때문이다. 그런데 공부하다 보면 어느 순간 자연스럽게 의문이 생길 때가 있다. 이 때 질문할 대상을 선생님이나 뛰어난 사람으로 한정할 필요는 없다. 그저 내가 모르는 것에 대해 나보다 많이 아는 사람이라면 그가 누구라도 나의 스승이 될 수 있다. 이처럼 내가 질문하는 상대방의 지위고하地位高下를 묻지도 따지지도 않고 부끄러워하지 않는 것을 공자는 불치하문不恥下問이라고 말한다. 진정으로 호학하는 사람만이 가능한 일이다.

• 오늘 배우지 않고 내일이 있다고 말하지 말며, 금년에 배우지 않고 내년이 있다고 말하지 말라. 하루 한 달이 지나 가니 세월은 나를 기다려 주지 않는다. 아! 늙었구나. 이것은 누구의 잘못인가?
• 소년은 늙기 쉽지만 학문은 이루기 어려우니, 짧은 시간이라도

가벼이 여길 수 없어라. 연못가의 봄풀은 꿈에서 아직 깨어나지 않았는데, 계단 앞의 오동나무 잎은 벌써 가을 소리가 나는구나.

• 젊은 시절은 다시 오지 않고, 하루에는 새벽이 두 번 있기 어려우니, 할 때에 마땅히 학문에 힘써라. 세월은 사람을 기다리지 않는다.

• 반걸음을 쌓지 않으면 천 리에 이르지 못하고, 작은 물이 모이지 않으면 강하를 이루지 못한다.

주 자 왈　물 위 금 일 불 학 이 유 내 일
朱子曰 勿謂今日不學而有來日하며

물 위 금 년 불 학 이 유 내 년
勿謂今年不學而有來年하라

일 월 서 의　세 불 아 연
日月逝矣라 歲不我延이니

오 호 노 의　시 수 지 건
嗚呼老矣라 是誰之愆고.

주자가 말하였다. "오늘 배우지 않고 내일이 있다고 말하지 말며, 금년에 배우지 않고 내년이 있다고 말하지 말라. 하루 한 달이 지나 가니 세월은 나를 기다려 주지 않는다. 아! 늙었구나. 이것은 누구의 잘못인가?"

✓ 朱: 붉을 주. 勿: 말 물. 謂: 말할 위. 逝: 지나갈 서. 歲: 세월 세. 延: 늘릴 연. 嗚: 탄식 소리 오. 呼: 탄식 소리 호. 誰: 누구 수. 愆: 허물 건.

| 해설 |

위의 글은 '주자권학문朱子勸學文' 혹은 '주문공권학문朱文公勸學文'으로 불리며 『고문진보古文眞寶』에도 실려 있다.

소 년 이 노 학 난 성
少年易老學難成이요

일 촌 광 음 불 가 경 미 각 지 당 춘 초 몽
一寸光陰不可輕이라 未覺池塘春草夢인대

계 전 오 엽 이 추 성
階前梧葉已秋聲이라.

2

소년은 늙기 쉽지만 학문은 이루기 어려우니, 짧은 시간이라도 가벼이 여길 수 없어라. 연못가의 봄풀은 꿈에서 아직 깨어나지 않았는데, 계단 앞의 오동나무 잎은 벌써 가을 소리가 나는구나.

✓ 少: 젊을 소. 難: 어려울 난. 寸: 마디 촌. 陰: 그늘 음. 輕: 가벼울 경. 未: 아직 미. 覺: 깨달을 각. 池: 연못 지. 塘: 둑 당. 夢: 꿈 몽. 階: 계단 계. 梧: 오동나무 오. 葉: 잎 엽. 已: 이미 이. 聲: 소리 성.

| 해설 |

위의 글은 주자朱子의 '우성偶成(우연히 이루어짐)'이라는 시詩이다.

도 연 명 시 운 성 년 부 중 래
陶淵明詩云 盛年不重來하고

일 일 난 재 신　　　　급 시 당 면 려
一日難再晨이니 及時當勉勵하라
세 월 불 대 인
歲月不待人이니라.

3

도연명陶淵明의 시詩에서 말하였다. "젊은 시절은 다시 오지 않고, 하루에는 새벽이 두 번 있기 어려우니, 할 때에 마땅히 학문에 힘써라. 세월은 사람을 기다리지 않는다."

✓ 陶: 질그릇 도. 淵: 연못 연. 盛: 성대할 성. 重: 거듭 중. 再: 다시 재. 晨: 새벽 신. 及: 미칠 급. 當: 마땅히 당. 勉: 힘쓸 면. 勵: 힘쓸 여(려). 待: 기다릴 대.

✓ 陶淵明: 동진東晉 말기부터 남조南朝 시대에 활동했던 시인詩人 도잠陶潛(365-427). 호는 오류선생五柳先生, 자는 연명淵明. 당대唐代 전기소설傳奇小說의 원조인 『도화원기桃花源記』와 산문시散文詩인 『귀거래사歸去來辭』 등을 저술했다.

| 해설 |

위의 시詩는 도연명이 지은 잡시雜詩 중 '귀전원거歸田園居'라는 시詩의 내용 중에 나오는 구절이다. 전체 내용은 다음과 같다. "인생이란 본시 뿌리도 꼭지도 없어서 이리저리 나뒹구는 들판의 티끌과 같고, 나부끼는 바람에 휩쓸려 굴러다니는 것을 보더라도 우리네 인생이 온전치 못함을 알 수 있지 않겠나? 이 땅에 태어나 형이야 아우야 부르는 것을 어찌하여 하필 피를 나눈 육친에게만 그러하리오. 기쁘고 즐거운 일이 생기거든 맘껏 즐겨 하고, 항아리 가득 술을 마련하여 이웃과 함께하라. 젊은 시절은 다시 오지 않고, 하루에는 새벽이 두 번 있기 어려우니, 할 때에 마땅히 학문에 힘써라. 세월은 사람을 기다리지 않는다."(人生無根蔕하여 飄如陌上塵이요 分散逐風轉하여 此已非常身이라 落地爲兄弟리니 何必骨肉親이리오 得歡當作樂하고 斗酒聚比隣이라도 盛年不重來하고 一日難再晨이니 及時當勉勵하라 歲月不待人이니라)

4

순 자 왈 부 적 규 보 무 이 지 천 리
荀子曰 不積蹞步면 無以至千里요
부 적 소 류 무 이 성 강 하
不積小流면 無以成江河니라.

순자荀子가 말하였다. "반걸음을 쌓지 않으면 천 리에 이르지 못하고, 작은 물이 모이지 않으면 강하江河를 이루지 못한다."

✓ 荀: 풀이름 순. 積: 쌓을 적. 蹞: 반걸음 규. 步: 걸음 보. 至: 이를 지. 流: 흐를 유(류). 河: 물 하.

| 해설 |

위의 시詩는 『순자荀子』「권학勸學」의 내용 중에 나오는 구절이다. 전체 내용은 다음과 같다. "한 줌 흙이 쌓여 산을 이루게 되면 거기에 비바람이 일어나고, 작은 물이 고여 연못을 이루게 되면 거기에 이무기와 용이 살게 되나니, 선함을 쌓아 덕을 이루면 신통한 지혜가 저절로 얻어지고 성인의 마음이 갖추어진다. 그러므로 반걸음을 쌓지 않으면 천 리에 이르지 못하고, 작은 물이 모이지 않으면 강하를 이루지 못한다."(積土成山하면 風雨興焉하고 積水成淵하면 蛟龍生焉하나니 積善成德이어든 而神明自得하여 聖心備焉이라 故不積蹞步면 無以至千里요 不積小流면 無以成江海니라)

역자 후기

이 책은 내가 2000년부터 시작한 서당교육에서 청소년을 대상으로 한 인성예절 및 전통문화 강좌에서 사용했던 노트를 정리한 것이다. 훈민서당, 동인서당, 명륜서당, 고양서당, 노원서당 등 장소와 대상은 바뀌었지만 청소년들의 건강한 대안교육을 향해 걸어온 20여년은 참으로 행복한 길이었다. 특히 그 과정에서 만난 여러 도반道伴들은 내 삶의 가장 큰 자산이자 보물이다.

2013년 나는 전주로 거처를 옮겼지만, 서울 노원구에 있는 노원서당은 아직도 현재진행형이다. 그 해 전주에서 시작한 건지서당은 동양고전을 읽기 위해 매주 1회씩 모임을 가진지 벌써 9년이 되었다. 건지서당이란 이름은 전북대학교를 감싸고 있는 나지막한 건지산乾止山의 이름을 딴 것이다. 생각해 보니, 함께 공부하는 사람들이 청소년에서 성인으로 바뀐 것을 제외하고는 20여 년 전에 시작한 서당교육이 아직도 진행 중인 셈이다.

이 책에 포함된 보충설명과 짧은 에세이는 대학에서의 강의와 방송활동에서 얻은 것들을 모은 것이다. 성균관대학교 유학대학원에서 강의할 때에 『명심보감』은 『추구推句』, 『계몽편啟蒙篇』, 『동몽선습童蒙先習』, 『격몽요결擊蒙要訣』 등과 함께 필수교재였다. 수업 중에 학생들과 나눈 이야기들의 일부도 이 책에 포함되었다. 이밖에 KBS·MBC·EBS라디오, TBN교통방송 등에서 동양고전을 주제로 한 여러 프로그램에 출연하며 얻은 소중한 경험도 이 책에 조금씩 담겨있다. 현재에도 국군방송 〈국민과 함께, 국군과 함께〉에서는 매주 1회(10분씩) 6년째 『논어』를 읽고 있다.

이 책이 완성될 때까지 나에게 동기부여와 지적 영감을 주신 분들이 참으로 많다. 방송으로 인연을 맺은 이계진 아나운서, 노원서당의 탁무권 교장님과 심규하·이정숙 훈장, 전주에서 함께 공부하는 건지서당과 신사독서회 회원들, 하늘에서 지켜보실 아버지와 아들을 위해 매일 기도하시는 어머니, 내 삶의 기쁨이 되어준 주영·주성 형제와 다정한 벗 고영희에게도 감사의 마음을 전한다. 특히, 내 인생에서 학문의 길을 열어주고 학자의 모범을 보여주신 이기동 교수님께 머리 숙여 감사를 드린다. 앎의 깊이나 삶의 경험에 있어서 나는 아직도 많이 부족한 사람이다. 그래서 이 책의 구성이나 내용도 미흡한 부분이 적지 않을 것이다. 그러나 다양한 교육현장에서 초·중급 한문을 가르치는 선생님들이나 인문학에 관심있는 청소년과 성인들의 동양고전 공부에 조금이나마 보탬이 된다면 감사할 따름이다.

2021년 2월

건지산 우공재에서 진성수 씀

찾아보기

마음을 밝히는 보배로운 거울
명심보감 明心寶鑑

역주자 진성수
표지 제자(題字) 둔석遯石 양성주梁聖柱 선생
펴낸이 김동원
펴낸곳 전북대학교출판문화원

초판 1쇄 인쇄 2021. 04. 14.
초판 1쇄 발행 2021. 04. 20.

전북대학교출판문화원 전라북도 전주시 완산구 어진길 32 (풍남동2가)
전화 (063) 219-5319~2
FAX (063) 219-5323
출판등록 2012년 8월 20일 제465-2012-000021호

값 15,000원

ISBN 979-11-6372-118-5 93100